JN278997

渡部昇一
Shoichi Watanabe

古今東西の
偉人たちが残した
94
の名言

人生を創る言葉

致知出版社

人生を創る言葉 ＊ 目次

――古今東西の偉人たちが残した94の名言

プロローグ

偉人たちが教えてくれた「生き方の秘訣」

志高き少年たちを育てたもの 20
古今東西の偉人・英傑・大成功者から学ぶ 22
それぞれが志を立てて、それぞれに偉くなれ 26
野茂やイチローの「出世」を称えよう 29
誰にでも自分に合った成功への道がある 31

第一章

偉人たちの人間学 ● よりよき人間のあり方

1 リンカーン 36
世には卑しき業なく、ただ卑しき人あるのみ
2 エマーソン 38

自分の帽子は自分の手で持つものだ
3 ザワドーフスキー 41
処世の大本は礼節を守るにあり
4 チャールズ・ラム 44
人間にとって、少しも仕事がないのは、仕事があり過ぎるよりも悪いものだ
5 ソクラテス 46
ロバがあなたを蹴ったとき、あなたは足を上げて蹴り返しますか
6 西郷従道 48
貫禄なぞは、二頭立の馬車で、四、五日市中を駆け回るとできるものだ
7 雲門文偃 51
日日是好日
8 フォード 52
自分で薪を割れ、二重に温まる
9 明恵 55
その身直ければ影もまた直し
10 ファラデー 56

慈母の涙も化学的に分析すればただ少量の水分と塩分だが、あの頬を流れる涙の中に、化学も分析し得ざる尊い深い愛情のこもっていることを知らなければならぬ

11 志賀瑞翁 58
気を長うお持ちなされ

12 江原素六 60
喜んで人の下僕となる

第二章
決断の瞬間●時を逃すな！

13 伊藤博文 64
不断にあらず、容易に断ぜざるなり

14 親鸞 66
明日ありと思う心の仇桜　夜半に嵐の吹かぬものかは

15 フランクリン 70
今日なし得ることを、明日に延ばすなかれ

16 ウィルソン 73
謙虚な心だけが神の宿所となる
17 ケマル・パシャ 77
大切なのは、帽子よりもその下のものである
18 武田信玄 79
進むのは易いが、退くのは難い。いかに生きようかということよりも、いかに死のうかというほうがむしろ大事じゃ
19 徳川家康 83
啐啄同時。早すぎてはいけない。遅すぎてもいけない。熟しきった一瞬の気合が、人間万事を決する
20 加藤清正 86
悲しむ事は一刻も遅く、喜ぶ事は一刻も早く
21 ナポレオン 88
味方が負けたという知らせなら、夜中でもよろしい。すぐに知らせてくれ、大急ぎで
22 ボールドウィン 90

志を立てるに遅すぎるということなし
23 スノーデン 94
自分の境遇を改善せよ。しかしその境遇が変えることができないほど強いものならば、諦めてその境遇に甘んじろ
24 クライヴ 97
人間にはそれぞれ与えられた使命がある
25 守田治兵衛 99
裸にて生まれて来たに何不足
第三章
勇気と覚悟●運命を開くもの
26 山崎闇斎 104
さらば孔孟を虜にし、これを軍陣の血祭にあげよ。これ即ち孔孟の道なり
27 ビスマルク 107
言葉は兵士ではない、議論は軍隊ではない、敵軍が国内に侵入してきたときには、

28 言葉や議論では間に合わないのだ
山県有朋 109
29 死もまた天壌に容るるところなし
フォッシュ 111
30 人は為さざるべからざる事を為せばそれでよい。あとは神の為すに任せよ
蒲生氏郷 114
31 我に続け！
ウェリントン 117
32 恐れを知る者は真の大勇者なり
ナポレオン 119
33 勇者に対しては、敵人なりといえども、余はこれを尊敬す
鶴見祐輔 124
34 偉人とは、恐怖という観念を克服した人のことである
ベートーベン 126
35 忍従！ それは苦しき人生の案内者である
宮本武蔵 128

神仏は尊ぶべし、頼むべからず

36 伊藤蘭嵎 131
蓐に坐する人の前で、聖人の書を講ずることはできぬ

37 徳川吉宗 134
天下を持つ身になんの愉快があろう

第四章
心を練る●深く考え、迷わず動く

38 吉田松陰 138
凡そ人一日この世にあれば、一日の食を喰らい、一日の衣を着、一日の家に居る。なんぞ一日の学問、一日の事業を励まざらんや

39 頼山陽 141
汝、草木と同じく朽ちんと欲するか

40 熊沢蕃山 144
うきことの猶この上につもれかし　限りある身の力ためさん

41　ディズレリー　147
今に諸君が私の演説を傾聴する時が来る

42　ベッドフォード　149
命じられた仕事はなんでもしろ。生き生きと嬉しそうに、熱心にするのだ。それが済んだら、すぐ他に仕事がないかと見回すのだ

43　津田勝五郎　151
自分は二十六歳の小僧だから、十九や二十歳の小僧さんと同じであってはいけない

44　フランクリン　153
これはわずかなお金で善いことをしようという、私の考えなのです

45　コロンブス　156
創見は難く、模倣は易し

46　カザルス　158
手紙を書く代わりに日記帳を送って知らせているのさ

47　カーネギー　160
このウサギに毎日毎日食べるものをやってくれたら、一匹一匹に君たちの名前をつけてあげよう

48 ダンロップ 162
アイディアをよく見つめ、よく考える
49 安田善次郎 164
土地を買う前に神社仏閣を見よ
50 岩崎弥太郎 166
油皿の掃除の仕方

第五章 教育の急所●眠れる才能を引き出す

51 ダーウィン 170
二年半、すでに手遅れになっている
52 クラーク 172
諸君は紳士である！
53 大の里 174
とにかく朝早く稽古場に出ろ。人に負けない時間に出ろ。出さえすれば、あとはど

うにかなる
54 ペスタロッチ 176
孤児を食に飽かせることは難しい。彼らの胃は空虚であるから。けれど彼らの霊を満たしむることはできる。人性は善であるが故に
55 タッカー 179
おお、この足の裏を見るがいい
56 エジソン 182
私の今日あるのは、全く母の賜物である
57 大塚琢造 186
値段の大小よりも、不注意そのものに焦点を置いて言い聞かせるべきでしょう
58 大石良雄 189
勝利の全き所を専らに相働くべき事
59 峨山禅師 190
世間の人が忙しいという、その半分は無駄に忙しい思いをしているものだ
60 治郎右衛門 193
よく話を聞いて、帰ってきたら私に聞かせてもらいたい

61 清水次郎長 195
どんなつまらねえ野郎でも、人の前では決して叱言をいったことがございません
62 ベーカー艦長 196
一番汚いところを徹底的にきれいにする

第六章 成功の秘密●「考え方」を工夫する

63 エジソン 202
時計を見るな！
64 カーネギー 204
職業はなんでもいい、ただ第一人者たるを心掛けよ
65 アインシュタイン 207
ただの思いつきでできるようなものは、世の中に断じてない
66 シートン 209
僕は最後まで手を尽くした

67 ウィリアム・パーキン 212
面白いものができた。何かに利用できないか
68 古河市兵衛 214
他人様のお掘りになったところを、更にもう一間ずつ余計に掘りました
69 ベルナード・クオリッチ 215
直された手紙を繰り返し読み返せ
70 マーシャル・フィールド 218
ポケットにはいつも手帳と鉛筆
71 大隈重信 220
一度会った人は忘れない、大隈侯の人心収攬術
72 デヴィッドソン 222
たった一歩だけ向こうを目指す
73 佐藤慶太郎 224
経験と信用は二つの大きな無形の財産
74 ジョン・リピンコット 226
とにかく相手にイエスといわせる

75 パウリッチ・ユウラ 228
僕は最優良の時計みたいな人になりたい

第七章
お金とのつき合い方●それぞれの金銭学

76 ロックフェラー 234
殖やさなければ減るのが金の性質である
77 ロバート・ダラー 236
貯金は成功のチャンスを作る
78 ジョーンズ 238
私はお金が欲しかったわけではない。個人の信用が欲しかったのだ
79 円智坊 240
落ちて行く奈落の底を覗き見ん　如何ほど欲の深き穴ぞと
80 岩崎弥太郎 243
汲み出す一升より漏る一滴

81 新渡戸稲造 245
商人が商人として立派になろうとするには、人として立派なことをすることを世渡りの方針にしなければいけない
82 渡邉錠太郎 247
保証人というものは、本人が月謝を納めることができないようなときに、代わって納めるのが役目だ
83 安田善次郎 249
担保には目一杯の貸し付けをする。期限には一切待ったをいわせない

第八章
正直であれ、親切であれ ● 人生の心得

84 エドワード・ボック 256
返事をなおざりにしておくことは、犯罪でないまでも、それは罪悪である
85 スタットラー 259
人生は奉仕である

86 江原素六 261
やはり、正直は得だなあ！
87 ある大工 263
安いからといって仕事を粗末にすると、自分の良心を損しなければなりません
88 スチュアート 266
たとえどんな失敗をしても、それを隠してごまかしてはいけない
89 ジョン・ワナメーカー 268
あなたの応対一つで、もう一つは買ってもらえたかもしれない
90 ジョージ・イーストマン 272
こんな不完全なものを売っては、信用にかかわる。人間は信用が第一だ
91 マクドナルド 274
悪事の多くは美名に隠れて行われる
92 楊震 277
天知る、地知る、我知る、汝知る
93 大田黒重五郎 279
出世する社員は千里眼の持ち主

94　バーナード・クローガー　282
自分はむつかし屋です。また、世間の人も大なり小なりむつかし屋なのです

あとがき　285

装　幀――川上成夫
編集協力――柏木孝之

プロローグ

偉人たちが教えてくれた「生き方の秘訣」

☆志高き少年たちを育てたもの

私の育った町は、旧市街の外れの地域にあった。そこは比較的新しく都市に住み着いた人たちが多く住んでいた。貧民街というわけではないが、それほど豊かな家もないといった場所であった。町の裏手のほうに行くと長屋があり、ここにはうんと貧しい人たちが暮らしていたが、子供たちはみんな一緒に遊んでいた。

この町からおそらく最初に旧制中学に進んだのが私だったと思う。そして、私のあとに松田義幸氏（のちに実践女子大学教授）ご兄弟が旧制中学へと進んだと記憶している。

このような場所であったから、私の周囲の大人たちに、いわゆる〝功成り名を遂げた〟人は誰もいなかった。私の父母も農家の出身であったから、家庭の中でも、どうやって世の中へ出て行けばいいのか、その方法を教えてくれるような人はいなかった。

そんな私に比較的多くの影響を与え、また、互いによく刺激し合ったのは、隣の町に住んでいた旧制中学で一級上の人であった。当時、旧制中学に通う学生は日本の男子の一割もいないぐらいのものだったから、みんなかなりプライドが高かった。その反面、人生をどう歩めばいいのかというようなことについては、誰にもさっぱりわかっていなかった。

そんな少年たちに刺激を与えてくれたのは、講談社の雑誌「幼年倶楽部」や「少年倶楽部」であり、講談社の絵本や「少年講談」のシリーズであった。また中学に入るぐらいの年齢になると、やはり講談社の「キング」が我々の水先案内の役割を果たしてくれた。

こう考えると、私の人生に対する考え方の基礎となったほとんど大部分は、当時の講談社文化だったということになる。その恩恵は私の場合、計り知れないほど大きく、今でも大変感謝しているほどである。感謝というのは、この年になって、日本の最高のインテリ階級の家庭に育った人たちとお付き合いをしても、少年のころに読んだものはほとんど変わらないことがわかったからである。

たとえば、元内閣安全保障室長で評論家の佐々淳行氏のお父さんは九州帝国大学の初代法学部教授であり、のちに朝日新聞の幹部になられた方である。その母方の祖父は東大の国文学教授であった。また、外交評論家の岡崎久彦氏は著名な政治家のご子息であり、親類に陸奥宗光《むつむねみつ》（伊藤博文内閣の外相）がいるような家の生まれである。しかし、生まれ育ちでは天と地ほど差があるといってもいいこれらの方々と対談してみると、少年時代は同じ講談社の読み物から教養を身につけていたことがわかるのである。講談社文化は、東北の田舎町の町外れでも、東京の中心部でも、ほとんど同じ教養を子供たちに与えていたということになるだろう。それほどにその影響力は大きかったのである。

では、少年時代に我々が人生に対して志を抱いたとき、具体的にどういうものを読み、どういう刺激を得たのか。本書では、それを紹介してみたいと思う。大人になってから読んだ本ではなく、私の世代の「志を立てた少年たち」が皆読んだに違いない本で、かつ私の記憶に強く残っているものをあえて取り上げてみたいのだ。

それには理由がある。昨今の青少年は、人生に対する向き合い方・進み方を教えてくれる人がいないという意味において、東北の田舎町の片隅に育った私とほとんど変わらない状況にあると思うのである。ニートといわれる、「教育なく、職業なく、訓練なき」若者が多くなっているらしい。本当に可哀そうな若者たちである。先行き不透明な人生に、我々がどのように対峙《たいじ》してきたか、それを披瀝《ひれき》することで、現代の青少年たちにも刺激やヒントを与えることができるのではないか、後悔のない人生を歩む助けとなるのではないか。そう思うのである。

☆古今東西の偉人・英傑・大成功者から学ぶ

先に講談社の「キング」の名前を挙げたが、「キング」は日本に出現した最初の百万部雑誌であり、まさに国民雑誌と呼ぶに相応《ふさわ》しいものであった。戦前の日本人の給与所得、あるいは本の普及という点から考えれば、今日の五百万部から一千万部にあたるぐらいの影響力があったと思われる。

面白いのは、毎年の「キング」新年号には必ず百五十ページ前後の小冊子が付録としてついてきた。たとえば、昭和八年一月一日発行の新年号には「偉人は斯《か》く教へる」という二百十六ページの付録がついている。翌、昭和九年一月新年号は「絵話世間学」という二百四十八ページの小冊子が付録になり、また、昭和十四年新年号には「考へよ！　そして偉くなれ」という百五十七ページの小冊子がついていた。

志を立てる気概のあった少年たちは、こういう付録の小冊子を回し読みしていた。その大部分は今になって読み返してもほとんど完全に記憶しているばかりか、事のついでにその内容が頭にフッと浮かんできて、恩恵をこうむるようなことが度々ある。それほど、強い影響を受けたのである。

この付録に関しては、もう一つ注目すべきことがある。たとえば昭和十四年一月号の付録「考へよ！　そして偉くなれ」は、出世の仕方や財産の築き方といった〝偉くなり方〟だけでなく、世の中においていろいろな意味で成功する秘訣が「古今東西の偉人英傑大成功者から学ぶ」というテーマでまとめられた小冊子である。ここで注目すべきは、なんといっても昭和十四年という年である。この年は支那事変（現在は日中戦争というが）が始まって一年半が経過し、アメリカとの戦争が始まる二年ほど前であって、日米関係が悪化しつつあった時期である。そして「自由」が政府によって「悪」と宣伝されていた頃でもある。それにもかかわらず、小冊子の中身を見ると、そこに一番多く登場しているのはイギリスの偉くなった人、あるいはアメリカの偉くなった人の話なのである。

同じことは、昭和八年一月号の付録「偉人は斯く教へる」にも当てはまる。ざっと目次を見ただけでも、リンカーン、ガーフィールド、ネルソン、エマーソン、ダーウィン、ロックフェラー、ボールドウィン、エジソン、カーネギー、チャールズ・ラム、クライヴ、ウィルソン、フランクリン、エドワード・ボック、スタットラー、ピーチャー・ストウ、フォード、マクドナルド、ブース、ファラデー、ディズレリー、ウェリントン、キッチナーといったように、数年後には戦争をする相手国の人が数多く取り上げられている。これはある意味で、〝奇異な〟ことといってもいいのではないかと思うほどである。

「キング」の版元である講談社は、戦後、軍国主義を煽ったとして非難された。しかし、それは明らかに誤解である。なんといっても、戦争の始まる二年前まで、敵国となるアメリカやイギリスの数多くの偉人の逸話を見習うべき見本として紹介して、「考へよ！ そして偉くなれ」や「偉人は斯く教へる」という小冊子を作っているのである。そして、それを天下の国民雑誌「キング」の付録としてつけているのである。この事実一つとっても、講談社＝軍国主義という指摘がいかに的外れなものであるかわかる。

講談社を創った野間清治は、昭和十一年、二・二六事件の起こった年に自身の半自叙伝を出している。しかしその中で彼は、二・二六事件に象徴されるような日本の軍国主義的な動きについて一切触れていない。書こうと思えば書けたはずなのに、あえて無視しているかのように感じられるのである。また、当時の講談社に在籍していた古株の社員から後年私が直接聞いたところでは、支那事変が始まったころ、それをテーマにした戦意高揚的な雑誌を作ると、野間は「君たちはそんなものを題材にしなければ雑誌は作れないのか」とひどく不機嫌そうに注意を与えたという。

野間清治は、明治のころの日本人の生き方や考え方を講談社の出版物を通して普及し続けた人だと私は思う。即《すなわ》ち、軍国主義、戦時体制、あるいは全体主義体制に入る前の日本にあるべき国の姿を見、そして明治以来の躍進につぐ躍進を続けた日本人の考え方を見直すように国民に勧めていたのである。これは、野間の生涯をたどってみると明確にわかることである。

それでは、講談社の雑誌に表現された野間清治の考え方とは具体的にはどういうものなのか。それをこれから見ていくのだが、その前に、まず野間が嫌った軍国主義、全体主義の特質について押さえておきたいと思う。

☆それぞれが志を立てて、それぞれに偉くなれ

明治の開国以来、日本は西欧先進国に伍《ご》して、文明国の一員になろうという志を立てた。それに適応するために、大日本帝国憲法（明治憲法）を作った。そして、この憲法のもとで、有色人種には絶対に不可能といわれていた近代国家をアッという間に作り上げたのである。明治憲法については、戦後、軍国憲法であったと批判する人もいるが、それは誤りである。明治憲法のもとで、日本は、日露戦争の勝利ののち軍縮を行っている。陸軍を五分の一まで減らし、海軍も軍縮会議の決定に従って、作りかけの戦艦を沈めている。この事実からもわかるように、明治憲法自体は、軍国憲法でもなんでもない。

明治憲法が軍国憲法のようにいわれるのは、戦後、占領軍が「戦前の日本は徹底的に悪かった」と教え、「日本の民主主義はすべて占領がきっかけとなって始まった」ことを日本人に教え込むためであった。つまり、意図的な情報操作が行われたと見るべきである。

確かに、敗戦直前の日本は悪夢のような統制経済下にあった。しかし、統制経済になったのは戦争を始めたからである。また、それが特に強化されたのは昭和十五年前後からであり、徹底的に悪くなったのは昭和十九年から、即ち戦争の最後の一年間だったといって

もいい。ただ、その〝悪くなり方〟の印象がきわめて強烈だったために、占領軍の宣伝とも重なって、なんとなく日本の戦前はずっと悪かったような気がしてしまうのである。

しかし、事実はそうではない。ここに挙げる小冊子がそれを証明している。すでに述べたように、昭和十四年という時期に出されたにもかかわらず、イギリス、アメリカの偉人たちを〝志の立て方〟の見本として数多く紹介しているのである。これは、明治の初めごろに福沢諭吉が『学問のすすめ』を書き、中村正直が『西国立志編』を訳したのと同じ精神である。つまり、「個々人が志を立てて、それぞれの道で偉くなれ」という教えとなっている。ここが重要なのである。

なぜならば、ここで「偉くなれ」という場合の方法は、全体主義国家の中での偉くなり方とは全く違うものだからである。それぞれの道において「偉くなる」「立派な人間になる」というのは、福沢や中村の教えた〝偉くなり方〟であり、それはまた、イギリスやアメリカにおける〝偉くなり方〟だったのである。

共産革命が起こった国、たとえばソ連では、ソ連共産党から離れて偉くなることはできなかった。共産党の中の序列に従って出世していくよりほかに出世の手立てがなかったのである。これは他の全体主義国家も同じである。ナチスドイツでは、ナチス党員として出世するより仕方がなかったし、イタリアのファシズムにしても、結局その一党独裁のもとで出世するより仕方がなかった。

日本も、全体主義に入り込んだ戦前の一時期から戦中はそうなっていた。戦前の右翼がいずれも強烈な社会主義思想を持っていたことは、今ではよく知られている。そのため、それらの右翼思想が社会主義思想が社会の中で普遍化すると、「出世する」ということが非常にいやらしい意味を持つようになってしまった。全体主義では出世コースが必ず一つしかない。その中で出世しようとすれば、そのルールに従わざるを得ない。ときには自らの信念をねじ曲げなければ出世できない場合もある。そこに〝いやらしさ〟があるのだ。

日本では戦時中、軍部が非常に強い力を持った。それにつれて、「出世＝軍人として出世する」ことを意味するようになり、それ以外の出世の道はほとんど閉ざされてしまった。先祖代々やってきた工場などはすべて軍需工場として接収され、あるいは合併させられて、工場長の上に軍から監督官がやってくる。その監督官が絶対的な権力者となる。要するに、出世コースは軍人になること一つだけというように限定されてしまうのである。

そういう風潮になると、出世自体が非常にいやらしくなる。そして、そういう風潮が戦後の日本にはずっと続いてきたと思うのである。陸海軍のエリート・コースがなくなっても、東大法学部を出て大蔵省の主計局か主税局のキャリアになるのを頂点とする出世のランク付けがあり、大学の序列や会社の序列も意識されていた。

☆野茂やイチローの「出世」を称えよう

個人がそれぞれの道で偉くなっていいという風潮が顕著になったのは、比較的最近のことであると私は思う。たとえば、誰にもわかりやすい形で偉くなったのは、野茂であり、イチローであり松井である。この人たちは自分の実力でアメリカへ飛び出して行って、世界的なプレーヤーになり、巨額の収入を手にするようになった。そういう姿を見て「いいな」と思う日本人が近年ようやく増えてきた。野茂でもイチローでも、あるいは松井でも、これはイギリスやアメリカにおける出世の形である。あるいは、福沢諭吉や中村正直の唱えた出世であり、野間清治のつくった講談社文化の中の出世である。

マラソンで新記録を出して有名になるのは、いわばマラソンによって出世したといえるが、そういう人を大いに称《たた》えるという風潮がようやく当たり前になってきたと思う。スポーツ選手だけでなく、最近は新しい事業を興してお金持ちになった人を偉いというようになった。ここ十年ぐらいで、日本はようやく昭和十五年（一九四〇年）前後から続く全体主義的発想から抜け出して、当たり前の考え方ができる国になってきたような感じがするのだ。

「偉くなる」という意味は、日本では長い間、誤解され、軽蔑されてきた。明治のころはそうではなかった。あるいは講談社文化はそうではなかった。ところが全体主義、社会主義を称えるような文化、いわゆる岩波文化——多少語弊はあるが、あえて対比的に名前を出す——のコンセプトの中においては、「出世」とは〝いやらしいもの〟あるいは〝卑屈なもの〟とされたのである。

すでに述べたように、「キング」の付録「考へよ！　そして偉くなれ」という小冊子の中には、数多くの成功者が登場する。ただし、その〝偉くなり方〟は、それぞれに違う。大統領として偉くなっている人もいるし、軍人として偉くなっている人もいる。ロンドンの成功した靴屋さんの話もあれば、二宮尊徳も紹介されているし、カメラのイーストマンも挙げられている。つまり、それぞれの立場、それぞれの商売の中で、それぞれに志を立ててやり遂げた人を〝偉くなった人〟として称えているのである。これが野間清治が考え、唱導した〝よりよき人生〟なのである。

幕末にイギリスに送られた中村正直は、なぜ日本と国土面積もあまり変わらず、天然資源もないイギリスがこうも偉大なのか、なぜイギリスと日本はこれほど国力と国富が隔絶しているのかと考えた。だが、いくら考えても、その理由はわからなかった。わからないまま幕府が潰《つぶ》れたという知らせを受けて国に帰ることになった。船に乗り込む直前に、正直は、イギリスで知り合った友人から「今イギリスで一番読まれている本だ。読んでみろ」といわれてサミュエル・スマイルズという人が書いた『セルフ・ヘルプ』という本をもらった。帰りの船の中でそれを読んだ正直は、そこで初めてイギリスがなぜ偉くなったのかがわかった。まさに目から鱗《うろこ》が落ちる思いであったのだろう。彼は日本に到着するまでの間に、その本をほとんど暗記するまで繰り返し読んだといわれている。

そして帰国すると、静岡に隠棲していた徳川慶喜のところに行き、そこで『セルフ・ヘルプ』を訳し、『西国立志編』という本にして出版した。この本はのちに『自助論』という名で普及することになるが、そこに書かれた〝偉くなり方〟はまさに講談社的である。

私はこうした〝偉くなり方〟をもう一度、意識的に、日本の人々、特に若い人たちに知ってもらいたいと思うのである。

☆誰にでも自分に合った成功への道がある

こういう講談社文化の中で育ったため、私は昭和十八年に旧制中学に入ったころから、感覚的に「早く戦前に戻ってくれないかなあ」という気持ちを強く持っていた。戦前は暗黒の時代なのではない。戦争中の統制経済などの負の側面はあくまでも一時的なものであり、戦争が終わったら元に戻るものだと思い、首を長くするような気持ちで戦争が早期に終結することを願っていた。

戦争は残念ながら敗戦で終わった。そして私の予想に反して、戦争中の社会主義体制は、戦争が終わっても長く続いていった。戦時中の統制経済が本当に崩れたという感じがするのは、ソ連が解体し、米の配給制度が正式になくなってから（配給米をとる人がいなくなっても、配給制度はずっと残っていた。昭和五十六年に廃止されるまで、米穀通帳は大量に印刷され、そのまま大量に破棄されていたのである）、そして大蔵省が財務省になり、銀行に対する統制が弛《ゆる》んだ九〇年代後半になってからである。つまり、つい最近になってようやく、日本人はまた明治のころの考え方を受け容れるようになってきたと思うのである。

戦後六十年たって、ようやく、「それぞれの道で志を遂げることはいいことだ」という雰囲気ができあがりつつある。志を遂げることを戦前の人は率直に「偉くなる」「偉人になる」と表現していた。重ねていうが、「偉人」「成功者」というのは決して総理大臣になることだけをいうのではない。コンビニの仕組みを考えた人、カメラ会社をつくった人、よく人に奉仕した人、相撲取りになった人、軍人になった人にも、偉人や成功者は存在する。それぞれの人にいろいろな成功への道があるのである。

その道に達することが出世の王道である。それがサミュエル・スマイルズの『セルフ・ヘルプ』以来の近代国家における志の立て方の本道なのである。まず、そのことを知っていただきたい。そして、その思想をもう一度復活させたいと思う。

そのために、これから「偉人は斯く教へる」「考へよ！　そして偉くなれ」といった講談社文化のエッセンスが詰まった小冊子から、私の印象に強く残った〝志を立てるために必要な考え方〟、あるいは〝偉人たちの偉くなり方〟を選び出して紹介してみることにしたい。

第一章

偉人たちの人間学

よりよき人間のあり方

1　リンカーン

アメリカ十六代大統領。南北戦争に勝ち、奴隷解放を行い、アメリカの統一を完成させたが、五十六歳のときに暗殺された。（一八〇九〜一八六五）

◎世には卑しき業なく、ただ卑しき人あるのみ

ある朝、急用でホワイトハウスを訪ねたリンカーンの秘書ジェームズは、案内されて広間に入ろうとした。すると、廊下の片隅でしきりに靴を磨いている男がいた。秘書は何気なく傍《そば》を通り過ぎようとして、あっと驚いて立ち止まった。それというのも、大統領リンカーンがしきりに自分の靴を磨いていたからである。

ジェームズ秘書はリンカーンに向かっていった。

「大統領のご身分でそのようなことをなさるのを人に見られるのは具合が悪うございます。殊《こと》に貴婦人方に見られては困ります」

大統領は田舎者丸出しで粗野な態度だ、という陰口を気にしていたので、忠告をしたの

である。

するとリンカーンは、人なつっこい目に微笑を浮かべながらいった。

「ほう、靴磨きは恥ずかしいことなのかね、ジェームズ君。それは違っていると思うな。大統領も靴磨きも、同じく世のため人のために働くものだ。世の中に卑しい仕事というものはないはずだ。ただ心の卑しい人はいるものだがね」

こういって朗らかに笑った。そして、まだ靴墨のにおいの残っている片手でジェームズの差し出した重要書類を取り上げて、靴を磨いていたときと同じような熱心さでそれを読み始めた——。

ここでリンカーンは、大統領になるのも、どんな仕事をするのも、仕事の価値に変わりはないと教えている。これは実際に、アメリカ人の多くが持っている考え方であると思う。

リンカーンといえば、「人民の、人民による、人民のための政治（government of the people, by the people, for the people)」というゲティスバーグで行った演説の言葉が有名だが、これは我々がアメリカという国を誤解する一つの大きな理由になったと私は考えている。「ピープル」を「人民」と訳したのは誤訳だと思うのである。

アメリカのピープルは決して人民ではない。人民というと、その対照に貴族や王様がいなくてはならない。しかしアメリカは移民たちが集まってつくった社会だから、貴族や王様は存在しない。全員がピープルである。だから日本語にするならば、くだけた言葉だが「皆の衆」と訳すのが適当だろう。

「皆の衆の、皆の衆による、皆の衆のための政治」

これこそがリンカーンの逸話の中に示されている民主主義である。大統領も靴磨きも同じピープルであり、その価値に変わりはない。こういう考えに立った〝ピープル〟であるからこそ、どのような職業に就いていても、正直に勤勉に立派に勤めれば出世の道が開かれるということになる。そのような機会の平等が保証されているのが、真の民主主義の姿なのである。

2 エマーソン

アメリカの文豪。人道主義を唱え、アメリカ思想界の指導者となる。『現代英雄論』ほか優れた随筆を発表。(一八〇三〜八二)

◎自分の帽子は自分の手で持つものだ

エマーソンは、その住んでいた場所から名をとって「コンコードの哲人」といわれた。そんなエマーソンを『ウォールデン　森の生活』の著者として知られるヘンリー・ソローが訪ねた。二人が話しているとき、ソローはエマーソンの机の上にトウモロコシが二本横たわっているのを見た。けれども、特に気に留めることなく、その日はそのまま別れた。

しかし、次に会ったときにも、そのトウモロコシがあった。ソローはそこで初めて「机の上に生のトウモロコシを置くのはおかしいな」と思ったが、理由を尋ねるのも変だと思って質問はしなかった。

三度目に訪問してみると、今度はトウモロコシが三本になっていた。おかしいなと思いながらも話題にはしないで他のことを喋《しゃべ》っていたら、女中が窓の外から、

「旦那様、大変です。馬がまた垣根を破って隣の馬鈴薯畑に入っています」

といった。それを聞いたエマーソンは

「そうか。心配することはない。わしが行くよ」

といって、机の上のトウモロコシを一つ手にとって部屋を出た。そして牧場に行って馬

の名前を呼びながら、トウモロコシを高く振って見せた。

するとトウモロコシが大好きな馬は、早速エマーソンの傍に飛んできた。エマーソンがトウモロコシを牧場の中にポイと投げ込むと、馬は自分で破った垣根から急いで中に入り込んだ。そこでエマーソンはソローと話をしながら垣根を直して、書斎に戻った。

初めて机の上にトウモロコシが置いてある意味がわかって、ソローは感心して聞いた。

「あなたは哲学を考え、詩を作り、講演の準備をしながらも、馬のことまで気に留めているのですか」

するとエマーソンは答えた。

「君、自分の帽子は自分の手で持つものだよ」

このとき初めて、ソローはエマーソンがいつでも自分で馬に乗り、自分の荷物を持ち、自分で薪《たきぎ》を運んでいるのに気がついた。

これはアメリカの偉い人は決して高ぶらないということを教える話である。

昔の日本の偉い人は、何かと物々しかった。ところが、アメリカ人は自分のことは自分でやるという思想が徹底しているためか、物々しいところがあまりない。大金持ちの息子でも、子供のころはアルバイトで小遣い銭を稼がせるようにしてやっている。どんなに偉くなっても、自分は「皆の衆」の一人に変わりはないのだ、ということをわかっているからなのだろう。

エマーソンは明治以来、日本でも非常に広く読まれた哲人である。しかし彼が偉いのは、「皆の衆」の一人として偉いのである。本人もそれを自覚しているから、偉いからといって偉ぶった生活は一切していない。「自分の帽子は自分の手で持つ」ことを実践しているのである。

3 ザワドーフスキー

ロシアの政治家。文部大臣になり、多くの小・中学校やカザン、ハリコフ、デルプトの諸大学を創設した。(一七三九～一八一二)

◎処世の大本は礼節を守るにあり

ロシアの有名な俳優のマクシーモフが演劇学校を卒業して間もなくのころの話である。

ある日、帝室劇場アレクサンドリンスキー座の食堂に立ち寄って、喫煙室の長椅子に座ってパイプを取り出した。ところがあいにくマッチがなかった。どうしようかと思っていたところ、ちょうど喫煙室のドアが開いて四十歳あまりの粗末な身なりの男が入ってきた。マクシーモフはこの男を食堂の使用人だと思って、いきなり彼に向かってこういった。

「おい、火をくれ」

その男は「はい、ただ今」と答えて喫煙室を出ると、すぐにマッチの箱を持ってきた。それから丁寧に一本のマッチを擦って火をつけ、マクシーモフが煙草を吸いつける間、火のついたマッチを持ったまま立っていた。

やがて火をつけ終わると、その男は同じ長椅子にマクシーモフと並んで腰を下ろして、平然としてマクシーモフにいった。

「おい、水を一杯くれ」

そこでマクシーモフは、すぐに自分が間違ったと気づき、跳ね上がって食堂にかけつけて、一杯の水を盆の上に載せて持ってきた。その男は水を飲んで「有難《ありがと》う」と礼をいい、ちょっとの間黙っていたが、やがてこういった。

「君は世間に出たばかりで、まだ人々との交際に慣れないようだから、一つ君に忠告しておこう。それは、世に処する大本《たいほん》は礼節を守るにあるということだ。君も人から尊敬されようと思ったら、まず他人を尊敬しなければならない。服装のいかんによらず、その人の人格を尊敬しなければならない。それを守らないと、往々にして取り返しのつかない間違いを犯す。学校がこのことを君に教えなかったのは残念なことだ。僕は君を知っているよ、有名な俳優のマクシーモフ君でしょう。ついでに僕にも名乗らせてくれたまえ。私は文部大臣のザワドーフスキーです」

服装を見て偉そうではないと判断すると、途端に乱暴な口をきいたり、乱暴な態度をとったりする人を見かけることがある。しかし、案外、相手は偉い人かもしれない。外見だけで、その人の本質がわかるものではない。だから、いかなる人に対するときも、礼儀・礼節を守るほうがいい。見かけにかかわりなく、そうする習慣をつけろ、という教えである。これを守っていれば、取り返しのつかない過ちを多く避けることができる、というわけである。

特に日本ではこれが重要である。バスの運転手さんが書道では偉い人だったりする。外観と中味が日本ではそう簡単に結びつかない。公園を散歩していたら、失業者みたいなおじさんに会った。その人は非常に有名な小説家で近くの豪邸に住んでいた。私は顔を知っていたが、知らない人なら無礼なことを言いかねない。

4 チャールズ・ラム

イギリスの文豪。随筆や評論で優れた仕事をした。有名な作品に『シェークスピア物語』などがある。（一七七五～一八三四）

◎人間にとって、少しも仕事がないのは、仕事があり過ぎるよりも悪いものだ

チャールズ・ラムは、三十年間インド商会に勤めていた。その三十年間、毎日毎朝十時に出勤して、午後四時まで勤務をして家に帰るという、判を押すような生活を送っていた。当時はバカンスなどまだなかったから、休むのは日曜日とクリスマスぐらいのものだったと思われる。

ラムは夜の時間を読書と著述にあてていたが、いつも、もし自分に昼間の勤務の時間がなかったらどんなにいいだろう、どんなにたくさんいいものが書けるだろうと、勤め人の身の上を悲しく思っていた。

ところが、ラムの希望が満たされるチャンスがやってきた。インド商会がラムの長年の勤務に感謝して、ラムを休職にして、その上で恩給を与えることに決めたのである。

これを聞いてラムは非常に喜んだ。たとえ十万円やるからもう十年辛抱しろといわれても、あの囚人のような生活に戻るのは嫌だと思った。彼は嬉しさの余り、友人である詩人のバートンにこんな手紙を書いた。

「私は自由の体になったのだ。私はこれからまた五十年は生き延びるだろう。私の暇な時間を少し君に売ってあげたいものだ。確かに人間のすることで一番よいことは、何もしないで遊んでいることで、熱心に働くことは恐らくその次によいことだろう」

それから二年が経った。長い飽き飽きした二年だった。この間にラムの心境は全く変わっていた。会社員や普通の役人のような平凡な仕事、決まった一つの仕事を毎日繰り返すこと、毎日毎日コツコツ働くことが、今まで気づかずにいたけれど、実際は自分にとっての薬であることを知ったのである。

ラムは再び友人のバートンに手紙を書いた。

「人間にとって、少しも仕事がないのは、仕事があり過ぎるよりも悪いものだ。暇であると、自分で自分の心を食うことになるが、およそ人間の食う食物のうちで、これほど不健全な食べ物はない」

チャールズ・ラムは美しい随筆や文学作品を残した人である。その執筆のために自由な時間を乞《こ》い求めたのだが、その望みが叶《かな》ってしまうと、かえって苦しくなってしまうことに気づいたのである。これは、ヒルティの教えとも通じ合う。ヒルティは「仕事をする自立」という言い方で表現しているが、公の仕事をきちんとこなしながら、立派な仕事をなしとげている。

多くの人は時間がないことを歎き、それを理由に何もなしえぬまま生涯を終えてしまう。だが、時間がない中で時間をつくる工夫をすることによって、大きな仕事ができるということも確かにある。規則的な仕事のある方が、かえって自由時間の活用に結びつくことをラムは示している。ヒルティも示している。

5 ソクラテス

アテネで生まれる。詭弁《きべん》学派を粉砕し、智徳合一の正統哲学の礎《いしずえ》を築く。釈迦、孔子、キリストと並ぶ世界四聖人の一人。七十歳で獄中で毒死。(前四六九~前三九九)

◎ロバがあなたを蹴ったとき、あなたは足を上げて蹴り返しますか

ソクラテスがある日アテネの町を歩いていたら、突然後ろから大きな棒で背中を叩く者がいた。しかし、ソクラテスは平然として何事もないかのように歩いていった。

その様子を脇で見ていた人が驚き怒ってソクラテスにいった。

「どうしてあなたはあいつを叩き返してやらないのですか」

ソクラテスは笑って答えた。

「ロバがあなたを蹴ったとき、あなたは足を上げてロバを蹴り返しますか」

ソクラテスからすれば、自分の説くことに対して非常な敵意を持って暴力行為に出た者はロバみたいなものであって、そんな奴の多少の暴力に対して暴力で返すほどの価値はないということである。ソクラテスは軍事にも従事していたから、決して弱い人ではない。叩き返すことは容易にできたはずだが、あえてそうしなかった。ある意味では、本当の悟りができていたという証明でもある。

似たようなことで、「あいつはロバみたいなものだから、相手にすることはない」というような生き方をするほうが賢明な場合がよくある。

私の場合、子供のころ、眼鏡をかけているので「四つ目」といわれてよくからかわれた経験がある。しかし、そういうときは心の中に「何をいっていやがる」という気分があって、あまり腹が立たなかった。今になって考えると、このソクラテスの話を読んで知っていたからだと思う。相手をロバだとは思わなかったが、どこかで「あいつらと自分とは考えが違うんだ」と思っていたような気がする。

悪質ないじめであればまた違った反応をしたかもしれないが、「俺はあいつらとは違うんだ」「俺のことをわかっちゃいないじゃないか」と思って平然とした態度でいることは、ソクラテスみたいな偉人でなくとも活用できる心構えではないかと思うのである。

6 西郷従道

西郷隆盛の弟で、陸軍卿から転じて海軍卿、海軍大将・元帥。日本海軍の重鎮。薩長両勢力の調和のくさびとなった。(一八四三〜一九〇二)

◎貫禄なぞは、二頭立の馬車で、四、五日市中を駆け回るとできるものだ

明治二十三年五月、時の首相山県有朋が、陸奥宗光を農林大臣の後任に推そうとした。すると、元老方面からダメが出た。

「陸奥は薩長いずれにも属していないし、また維新のときもこれという手柄を立てていない。官歴も特命全権をやっただけだから、大臣になる貫禄がない」

閣議の席でもこれに賛成する意見が出たので、さすがの山県有朋も大いに困り、西郷従《つぐ》道《みち》に相談をした。

すると西郷はこういった。

「閲歴《えつれき》なんかどうだっていいじゃないか。大臣として立派にやってのける器量があったら大臣にすればいい。貫禄なぞは、二頭立ての馬車で四、五日市中を駆け回ればできるものだ」

これには貫禄論者もグウの音も出ず、そのまま陸奥に決まってしまった。

陸奥は次の伊藤内閣のときには外務大臣になって、日清戦争前後の難局を担当し、剃刀《かみそり》大臣と渾名《あだな》されるような切れ味を見せた。そして日清戦争を勝利に導いた。このときの西

郷の言葉がなかったら、陸奥は浮き上がることもなく、日本の外交もどうなっていたかわからない。

西郷従道というのは特別に太っ腹な人のように思われている。たとえば、日露戦争前のころ、海軍を増強するために大幅な予算を組まなければならなかった。しかし、議会は反対した。そのときなんとか議会を説得してうまくまとめてくれる大物が必要だというので、西郷従道に白羽の矢が立った。そして、西郷従道は陸軍中将から海軍大将になり、次の戦争に備えるための予算をうまく取ってしまった。

ところが、兄の西郷隆盛を知る人から見ると、従道はまだまだ小物であったようである。大山巌という日露戦争の陸軍総指揮官がいる。この人がまた大物で、うるさい軍司令官たちを見事にとりまとめた。ところが、大山巌と西郷従道を知る人が二人を比べると、大山巌は西郷従道よりも小物だったという。つまり、従道と隆盛では「従道は小物だ」ということになり、大山と従道では「大山は小物だ」というのだから、西郷隆盛がどれほど大きいのかと話題になったことがある。

とにかく、西郷従道という人はどうしてかはわからないけれど、勘所《かんどころ》をうまく押さえて、みんなを納得させる能力に長《た》けていたようである。「貫禄なぞは、二頭立ての馬車で四、五日市中を駆け回ればできるものだ」というような、突飛だが的を得た面白い発想のできる人だったのである。

7 雲門文偃《ぶんえん》

唐末五代のころの禅僧。浙江《せっこう》省嘉興の人。韶州《しょうしゅう》の雲門山に住み、禅宗の一派である雲門宗を開いた。（八六四?～九四九）

◎日日是好日

雲門があるとき大勢の弟子たちを集めて講話をしたついでに、こういう質問をした。

「十五日以前のことは問わないが、最近の十五日間、お前たちはどういう気持ちで過ごしてきたか、いってご覧なさい」

すると誰も返事ができなかった。すると雲門は「私がいおう」といって、こう答えた。

「日日是好日。どの日もどの日も、明るい心、朗らかな気分で暮らしてきた。好い日ばかりが続いた」

「日日是好日」とは、必ずしも高い位に上ることでもなければ、たくさんのお金を持つことでもない。毎日毎日、明るく朗らかな気持ちで過ごして、「今日も好い日だったなあ」といえるような生活を送ることである。これは紛れもなく本物の出世の一つの形である。平凡な話に聞こえるが、「日日是好日」と自信を持っていえることは、実は素晴らしい境地にあるということである。

8 フォード

アメリカの実業家。農夫の子に生まれる。自動車を発明して世界の自動車王と呼ばれ、わずか二十数年のうちに世界一の富豪となった。（一八六三〜一九四七）

◎自分で薪を割れ、二重に温まる

フォードは大富豪になってからようやく邸宅をつくった。それを自分がその昔、裸足《はだし》で駆け回ったことのある畑の中に建てた。ささやかな家で、豪勢なものではなかった。

「なんぼなんでも、これは少しみすぼらしいのではないでしょうか」

と人がいうと、彼は苦笑いまじりに応じた。

「私は別にレジデンス（大邸宅）を建てるつもりじゃない。ホーム（家庭）をつくるつもりなのです」

フォードの家ができて間もなく、ある別の自動車会社の社長が豪奢《ごうしゃ》な邸宅を建てた。その二つの邸宅を比べて、牧師のマーキス博士がフォードにいった。

「家だけを見ると、フォードさんの会社はとても微々たるものですな」

フォードはにっこり笑って答えた。

「私は趣味として、大勢の給仕人にかしずかれるのがうるさいんですよ。むしろ昔ながらの皮をむかないジャガイモのほうがいい。皮のむき方を後ろで笑っている給仕人なんか、胸糞悪《むなくそ》いですからね」

こうした簡素な生活を送っていたから、フォードは健康であった。七十近くなってもピンピンして働いていた。身体は鶴のように痩せていたけれど、どんな寒いときでも帽子も外套《がいとう》もつけず、少量の食べ物で元気だった。適当な運動、腹八分の少食、新鮮な空気が、フォードの健康の秘訣だったのである。

デトロイトの町で会合があったとき、ある大会社の重役が出席していた。いかにも富豪らしく、豚のように腹を突き出したその人は、つぶれた家の犬のような痩《や》せたフォードと並んでみると、まるで漫画みたいに滑稽だった。

当時は、実業家にとって肥満はステータス・シンボルであった。だから、その太った経営者はフォードに冗談をいった。

「フォード君、君は飢え死にしそうだね。いくら能率増進でも、命をつなぐくらいは食ったらどうだ」

それに対してフォードは答えた。

「ところが僕は、まだ一度も病院のご厄介になったことはないんだよ。デトロイトには自分の病院を持っているのでときどき見回りに行くけれど、食べ過ぎで手術されている人を見ると、決まって君のように太った人なんだよ」

そして、健康の秘訣を見せてやるからといって、その人を自分の家のストーブの前に引っ張って行った。その上には次の文句が彫られてあった。

「自分で薪を割れ、二重に温まる」

フォード式というのは近代の能率的な製造業の始まりであるが、それを発明したフォード自身のライフ・スタイルもすこぶる簡素で能率的なものであったということである。

9 明恵《みようえ》

鎌倉時代の僧。建永元年、後鳥羽上皇の勅によって栂尾山《とがのおさん》の古寺を賜り、高山寺《こうざんじ》を創設、華厳興隆の名勝地とした。(一一七三〜一二三二)

◎その身直ければ影もまた直し

北条泰時が明恵上人を訪ねて教えを乞うた。

「自分が一生懸命努力しても他の人が従わないときはどうしましょう」

それに答えて明恵上人は説いた。

「それは難しいことではないですよ。あなたの心にあるのです。昔の人も〝その身直ければ影もまた直し〟といっています。その政《まつりごと》が正しければ、国が乱れるものではありません。正しいとは無欲のことです。それはあなたの心にあるのみですよ」

泰時は深くこの言葉に感じて、よくこれを実行して武家政治の基礎を築いた。

あるとき、武田信光と海野幸氏《ゆきうじ》が土地を争って鎌倉へ訴えてきたことがある。幸氏のほうが正しかったので、泰時は裁判をして信光を敗訴とした。

この決定に、ある人が心配していった。

「武田氏は有力家であるから、恐らく厄介なことになるかもしれません」

だが、泰時は厳然としていった。

「人の恨みを恐れて曲直《きょくちょく》をはっきりしないならば、世の中に執権など無用であろう」

そしてあるとき、泰時は周囲の家来にこう語った。

「自分が不肖の身でありながら執権となって、幸いになんとかやって来れたのは、高弁（明恵）の教えの力である」

自分の道を真っ直ぐ行えば、他も正しくなる。したがって、政治を正しくすれば、国は自然と治まるということを明恵は泰時に教えたのである。

10 ファラデー

イギリスの物理学者、化学者。製本工から身を起こし、その研究は磁気から電気、光線に及び、世界物理学界の泰斗《たいと》と仰がれるようになった。（一七九一〜一八六七）

◎慈母の涙も化学的に分析すればただ少量の水分と塩分だが、あの頬を流れる涙の中に、化学も分析し得ざる尊い深い愛情のこもっていることを知らなければならぬ

ファラデーは物理学者として最高の名誉を受けた人物である。ヴィクトリア女王の晩餐を賜り、アルバート親王からは邸宅を賜り、フランスのナポレオン三世は高貴な勲章を授け、フランスの大博覧会では大名誉賞牌《はい》を与えられた。その他にも数限りない賞牌や学位上の名誉を受けている。

しかし、彼は物質の研究だけの科学者ではなくて、敬虔《けいけん》な信仰家で、精神生活を楽しむ人だった。あるとき彼は、一人の母親の涙を試験管に入れて、学生にこう教えた。

「諸君の見るように、母親の涙も化学的に分析すれば、ただ少量の水分と塩分である。しかし、慈母の頬を流れるその涙には、この水と塩の他に化学でも分析し得ざる尊い深い愛情がこもっていることを知らねばならない」

物質上の知識ばかりにとらわれやすい学生に対して、この言葉は実に有名な言葉として伝わっている。

ファラデーはこういう人だから、いろんな名誉を受けたけれども、少しも自慢すること

がなかった。

「自分は貧乏な鍛冶屋の息子であったから、偉い人が葬られるウェストミンスター寺院なんかに葬られることを望まない。普通の人の墓地に普通の人と共に眠りたい。その石碑も小さいものにして」

これがファラデーの法則で有名な大科学者の真の姿であった。物理学者としての名声ばかり聞くが、その晩年において彼はその処世訓において有名になったのである。

11 志賀瑞翁

人生五十年といわれた時代に百歳以上の長生きをした。人々から羨ましがられ、長命の秘訣を尋ねられること度々だった。

◎気を長うお持ちなされ

志賀瑞翁《ずいおう》という人は、百歳まで長命し、しかも壮者をしのぐ健康ぶりであった。人生五十年、あるいは四十年といわれたころの話だから、周囲の人は大変羨ましがって、長生き

の秘訣を教えてもらいたいと頼みに行った。しかし、瑞翁はにこにこ笑いながら

「さあ、秘訣があるにはあるがのう――」

と、なかなか教えてくれなかった。それでも、ある人が特に熱心に何度も頼むと、

「じゃあ、教えてあげますから、七日間精進してください」

といった。七日間は生臭いものは食べないでください、ということだ。

その人は、長生きの秘伝を授かるためになら七日間の精進ぐらいはなんでもないと、いわれた通りにして、八日目に訪ねて行った。すると、

「そうだなあ、もう三日間、精進してください」

といわれたので、また三日間してから訪ねると、

「もう一日精進してくれ」

という。馬鹿にしてやがるなと腹が立ったけれども、乗りかかった船だからしょうがない。また一日精進して、今度教えなかったら承知しないぞとばかり、勢い込んで訪問すると、瑞翁はいった。

「まあまあ、こちらのほうへ」

通された奥の一室で、いよいよ秘法を伝授されるかと胸をときめかしていると、瑞翁はその人の耳に口を寄せて、低い声でこういった。

「あのなあ、気を長うお持ちなされ」

このたった一言で、長生きの秘法伝授は終わりである。その人は呆然《ぼうぜん》とするばかりだった……。

長生きの秘法には私も興味があり、いろいろな長生きの人に話を聞いているが、そこで感じるのは、非常に簡単なことをよく守っているという点である。その秘訣はそれぞれで違っている。この志賀瑞翁という人にとっては、それが「気を長く持つ」ということだったのだろう。

この翁の言葉も聞いてしまえば全く平凡な秘訣であり、だからこそ聞いた人は呆然としてしまったわけだが、これは志賀翁が自分自身を深く見つめたところから生まれた境地といっていい。それゆえ、他人が真似したからといって、必ずしも同じように長生きできるとは限らない。そこに人間の深さ、面白さがあるように感じるのである。

12 江原素六

明治の教育家。貧乏士族の子として江戸に生まれる。維新後、沼津に移住し、教育事業に取り組み始める。のち麻布中学を創立、校長を務めた。(一八四二～一九二二)

◎喜んで人の下僕となる

江原素六《そろく》は麻布中学の校長で、のちに貴族院議員にもなった人である。

あるとき、大磯かどこかの休養先に行っていたときに、素六が急いで駅のほうに走って行った。小川のほとりで大根を洗っていた一人の若い農夫が、その様子を見て声をかけた。

「先生、どこへ行かれるのですか？」

すると素六先生は、

「今急用ができたので駅まで電報を打ちに行くところです」

と答えた。今のように電話やファックスがない時代のことであり、駅まで電報を打ちに行く必要があったのである。それを聞いた若者は、

「そんなら私がひとっ走り行って打ってきてあげましょう。ご老体では無理ですから」

といった。先生は、

「それは有り難い。頼みます」

といって電報の原稿と電報料を青年に渡した。

その若者がやがて間もなく電報を打って帰ってくると、江原先生はしきりに大根を洗っ

ていた。若者は恐れ入って、

「どうしてそんなことをなさいますか」

と尋ねると、先生は微笑みながらこういった。

「あなたが私の用を足しに行ってくださる間に、私があなたの留守番をしていただけですよ」

大根を洗っていた青年が自分の代わりに駅まで駆けて行ってくれたのだから、自分は青年の代わりに大根を洗ったという話である。当時の身分から考えると、これは大変なことで、若者が恐縮するのも無理はない。しかし、本当に偉い人というのは、身分の違いなど超越しているということなのである。

第二章

決断の瞬間

時を逃すな！

13

伊藤博文

農家の出だが、足軽の養子となり松下村塾に学び、幕末にイギリス留学を体験。維新後は明治政府の重要人物となり、初代総理大臣ほか数々の要職に就いた。（一八四一～一九〇九）

◎不断にあらず、容易に断ぜざるなり

伊藤博文は明治三十三年十二月の第十五議会に提出すべき法律案になかなか決断を下せないでいた。それは台湾総督府が提出してきたもので、台湾の公債を外国で売り出そうという案件であった。秘書官が議会に提出しようと伊藤博文に捺印を迫るが、なかなか判子《はんこ》を押そうとしない。二時間ほど押し問答が続き、その日は結局判を押さず、その翌日もまた押さなかった。

そのままとうとう年を越して、明治三十四年になった。伊藤首相がこの案に反対だと知って、台湾総督の児玉源太郎大将が説得に乗り出してきた。そして首相と児玉総督の論争となって、結局、伊藤は判子を押すことになった。

そのとき、催促を続けていた秘書官を呼んで、伊藤はこう聞いた。

「世間では自分のことを優柔不断だといっているそうだな」

秘書官が「その通りであります」と答えると、伊藤はいった。

「よく聞けよ。この案では君とも随分論争したが、今日私はこれを承認することにする。だがな、私が軽々しく決裁を与えないのは、陛下から多大な信任をいただいているからなのだ。万一不注意があっては誠に畏《おそ》れ多い。だから私の場合は不断にあらず、容易に断ぜざるのみである。君にも、この心掛けで日常の事務をやってもらいたい」

伊藤の言葉を聞いて、秘書官はびっしょりと汗をかいてしまった。

この「不断にあらず、容易に断ぜざるのみ」という言葉は、私もときどき頭に浮かぶことがある。世の中には、決断を迫られながら、なかなか決断できない問題がある。そのときに、優柔不断といわれるのを恐れて、十分に納得しないまま決断してしまう場合もあると思う。

そういう状況に置かれたとき、私はよくこの言葉を思い出すのである。すると不思議なことに、ゆっくり時間をかけて考えたり、優柔不断といわれるようなこともあえてできるようになる。経験的にいえば、そのようにするほうが、卑怯だとかグズだと評価されるのを恐れて無理矢理決断するより、いい結果になることが多いようである。

「不断にあらず、容易に断ぜざるのみ」、噛みしめるべき名言である。

14 親鸞

皇太后宮大進藤原(日野)有範の子として生まれる。青蓮院の慈円について出家、比叡山にのぼる。のち法然の門に入り、浄土真宗の開祖となる。(一一七三〜一二六二)

◎明日ありと思う心の仇桜　夜半に嵐の吹かぬものかは

親鸞は皇太后宮大進藤原有範の子供で、幼名を松若麿といった。幼くして父母を失い、出家をしたいと願い出て、髪を切って得度をすることになった。

その得度式のときの話である。髪を切ろうとしていたのは師である慈円僧正だったが、剃刀を手にして、ちょっと躊躇《ちゅうちょ》していた。

その場には、伯父の若狭守範綱をはじめ、女人たちも家来たちも集まっていた。今日限りで出家するのだから最後の別れとなる。いたいけな可愛い坊やの姿を見ては、不覚の涙を流すという様であった。そういうわけで、剃刀を取って髪を剃ろうとした慈円僧正も、しばし躊躇の色を漂わせていたのである。

するとある者がにじりで出て、こういった。

「どうでしょうか。今日はあまりにも時間が遅くなりましたので、得度の式は明日にしてはと思いますが」

みんながそれに頷《うなず》いた。せめてその姿を一刻なりとも遅くしたいという雰囲気があった。そのとき、風もないのに雪洞の灯《ひ》がゆらゆらと揺れ、座って手を合わせていた若君の唇がほのかに動き、清らかな歌が流れ出た。

「明日ありと思う心の仇桜《あだざくら》　夜半《やは》に嵐の吹かぬものかは」

それは天から聞こえた声のように思えて、みんな愕然《がくぜん》として手を畳の上についた。慈円僧正はにっこりと笑うと、おもむろに立ち上がって若君の髪を切った。そのとき松若麿の唱える念仏の声が静かに部屋に満ち渡り、桜の花びらがひらひらと散りこぼれた。

「明日ありと思う心の仇桜　夜半に嵐の吹かぬものかは」というのは、いろいろな場面で使える言葉である。たとえば、仕事や勉強を「明日やればいいや」と思ったときに、「いや、夜半に嵐が吹くかもしれない」と思って先延ばしにしないで片づけてしまう。そのタイミングを逃すと二度とうまくいかないということが、人生には幾度となくあるものである。

これは宗教の世界に入るという深刻な場合にだけいえるのではない。私の体験でいえば、こういうことがあった。

私が留学した翌年、私の郷里の後輩二人にアメリカ留学の話が舞い込んだ。それは昭和五十六年の話で、まだまだ自費留学ができなかった時代である。そういう時代に留学をさせてもらえるのは非常にラッキーなことだが、条件が一つだけあった。奨学金はアメリカ側が出すけれど、旅費は本人が都合してほしいというのである。

この二人から相談を受けた私は「それは是非行きなさい」とすすめた。すると、彼らは「旅費を借りなければならないのですが、留学はそれに値するでしょうか」と聞いてきた。たとえ旅費を借りても、アメリカに行ってアルバイトすれば、当時はドルの価値が非常に高かったからすぐに返せる。私はそういったのだが、結局二人とも躊躇して、結局その話を断ってしまった。

その後、一人は大学院を出て教師になったが、問題を起こして教師を辞め、また別の大学に入り直し、再び教職についた。そして、もう一人の男は地方の高校の先生になった。しかし、彼らは旅費があればアメリカに行きたいと思ったが、旅費を作るための苦労を厭《いと》った。そのチャンスを逃してしまったために、「夜半に嵐が吹いて」その後は行けない理由が次々と出てくるようになった。結婚をした、子供ができたといっているうちに、気がついてみると四十を越えて、留学してもあまり意味のない年齢になってしまった。

これは親鸞の出家の問題のように深い話ではないけれど、人生においては、このようによく「夜半に嵐が吹く」ものである。

東大の林学博士にして大金持ちになった本多静六先生の話に、こういうものがある。あるとき本多先生は、ある人から遺産相続の相談を受けた。兄弟がみんな集まっているところに行って話を聞いて、先生が「こうしたらどうか」と提案すると、一同納得して話がまとまった。そこで「じゃあ、明日、みんな判子《はんこ》を持ってきてくれ」といってその場は解散して翌日再び集まると、兄弟の配偶者たちから文句が次々に出て、一度まとまった話が壊れてしまった。

そのときの体験を本多博士はこう述べている。

「せめて拇印《ぼいん》でもいいから押させて、話がまとまったときに決めておくべきであった」

「また明日」といったら夜半に嵐が吹いて、せっかくの花が散ってしまったのである。

夜半にはよく嵐が吹く。そして、夜半の嵐は大変不利な結果をもたらすことが多い。注意しなくてはいけない。

15 フランクリン

アメリカの科学者にして政治家。特にその電気に関する研究は世界を驚かした。独立戦争の中心人物でもあった。（一七〇六〜九〇）

◎今日なし得ることを、明日に延ばすなかれ

フランクリンがフィラデルフィアで小さい新聞社をやっていたころ、一人の農夫がひょっこり訪ねてきた。

「わしはこちらの新聞を読んでいます。久しぶりに町に出たので訪ねてみました」

農夫がそういうと、フランクリンは大いに喜んで、多忙な時間を割いて農夫と面会した。これには農夫も大喜びだったが、帰りがけに何か一筆、記念になる言葉を書いてくれといい出した。

「村の者に自慢してやります。あなたのような偉い人の書いたものを持っていると、わしも鼻が高いです」

フランクリンは無邪気な農夫に頼まれて、ペンを執った。そして、こう書いた。

「今日なし得ることを、明日に延ばすことなかれ」

農夫は大満足の様子で、どた靴を踏み鳴らして帰って行った。フランクリンは微笑みながら、その姿を見送った。

それから一週間ほど経って、その農夫が再びやってきた。彼は大変に上機嫌であった。

「先日はありがとうございました。あの書付のおかげで、私はとんでもない大儲けをしたのです。今日はそのお礼を持ってまいりました。窓の外をご覧ください」

フランクリンは不思議そうに首を延ばして窓の外を見た。そこには荷馬車があり、若い男が二人でしきりに薪を下ろしている。庭にはもう小山のような薪が積んであった。フランクリンは目を丸くして驚いた。

「どうしてあんなにお礼をくれるのかね」

すると農夫は事情を話し出した。こういう話である。

農夫があの書付をもらった日、家に帰ると下男どもが麦を畑から運ぶ相談をしているところだった。

「もう夕方だし、この空模様なら二、三日天気が続くのじゃなかろうか」

と下男たちがいうので、農夫もそれでいいといおうとした。しかし、そのときにハッと思いついたのが例の書付の言葉だった。農夫は慌てて手を振って、下男たちに命じた。

「いやいや、是非とも今日のうちに運び終えろ。今日の仕事を済まさない間は夕飯を食わせないぞ」

下男たちはぶつぶつと文句をいった。

「どこの家だってみんな麦は野に残ってますよ」

農夫の奥さんも出てきて
「明日でもいいじゃないですか」

といったが、農夫は頑として聞かなかった。

そしてとうとう夜半までかかって麦を運び終えた。運び終えたと思ったら、突然すごい嵐がやってきた。そして五日間、雨が降り続いた。外に出しっぱなしにしてあった他の家の麦は、みんな腐ってしまった。

「ほれ見ろ、おいらの麦だけは助かったじゃないか」

と農夫は大得意だった。奥さんも大喜びした。というわけで、

「こんな効き目のある書付をくれた旦那様に早くお礼をいって来いといわれて、飛んできたんですよ」

と農夫はいった。

今日できることを明日に回さなければ、人生においてどのぐらい得をするかわからない。そう思っていてもなかなかできないのが現実だが、ときどきこの言葉を思い出して我が身を振り返るだけでも、十分に意味があるのではないだろうか。

16 ウィルソン

アメリカ大統領。プリンストン大学総長から州知事に選ばれて政界に進出。第一次世界大戦中の大統領であり、国際連盟の提唱者としても有名。（一八五六〜一九二四）

◎謙虚な心だけが神の宿所となる

ウィルソンは熱心な清教徒であり、「公正」をモットーとしていた。たとえ自分が世話になった民主党の有力者でも、どんなに親しい友人でも、あるいは近親の者であっても、公正でないと思うことはなんであれ跳ねのけた。そのため友人たちからは、

「あれほど冷酷な男はいない。まるで人情を知らない」

とよく非難された。しかし、彼は絶対に自分の信念を曲げようとはしなかった。

いよいよ大統領の任期が終わろうとするころ、一人の老人に対する特赦の請願がウィルソンのもとにきた。それは銀行法違反で有罪禁固の刑を申し渡されていた者であったが、よく調べてみると実に気の毒な事情があった。この哀れな老人を助けるには、大統領が特赦に署名するしか方法はなかった。

ウィルソンの周囲の家族の人たちも、みんなこの老人に同情して「是非助けてやってくれ」と頼んだ。秘書のタマルチーという人も、こういって懇請した。

「大統領閣下は日ごろ、不人情だ、冷たい人だといわれて世間から非難されています。それが間違った非難だということは、私はよく知っています。どうかこの事件で、閣下の深い慈悲心をお示しになって、任期の最後をお飾りください」

それでもウィルソンは頑として聞き入れなかった。

「私は断じて署名することはできない。家族の者もみな私に署名を勧めるけれど、二、三の家族のために大統領が判断を曲げたとあっては、一億二千万の国民の信頼を裏切るものである」

この頑とした態度には、秘書も諦めるしかなかった。

ところが、それから数日して、彼は秘書に一枚の書を渡した。見るとそれは大統領が署名した特赦状だった。秘書はびっくりして「これは……」といって、絶句した。

ウィルソンはいった。

「うん、私はあれからいろいろ考えたのだよ。そして私は自分の間違っていたことがわかったのだ。あのときは家族の者があまりやかましくいうものだから、公正を失ってはならんと用心しすぎたために、かえって公正を失うことになってしまった。それに私は八年間、公正を守ってきたが、そういう自覚が知らず知らず、私の心を傲慢《ごうまん》にしていたのだ。そして私の判断を曇らせていたのだ。今になってつくづく悟ったよ。謙虚な心だけに神が宿るということをね」

これも心すべき教えである。公平、公平といって公平に凝り固まると、情け知らずになって、判断を誤ってしまうことがあるのである。

たとえば、私が上智大学の教授になったころは、上智の卒業生や大学のために働いてくれた人の子弟については、入試においてある範囲の情状酌量をしてもいいということになっていた。暗黙の了解というのではなく、正式な書式もあった。だから、よほど成績が悪ければ話は別だが、あまり差がないようなときは、優先して合格させることができた。ところが、大学紛争以後は、ほんのちょっとでも優遇があると、不公平であるとして大学がつるし上げられることになった。それで、すべて均一にすることにしたのである。

しかし、税金で建てている国公立の学校ならばともかく、私立大学の場合は、たくさん寄付をしてくれる人もいるし、そういう人の子弟で同じぐらいの点数ならば、優先して入学させても構わないのではないかと思うのである。多額の寄付によって奨学金の基金がつくられ、普通ならば入れない学生の授業料が出るのである。仮に一億円の寄付をしてくれると千人の学生が奨学金をもらえるのだから、その貢献度たるや甚《はなは》だ大である。そう考えるならば、よほどの問題がなければ、入学を許可してもよいのではないか。

実際に、アメリカの名門校ではそういう制度になっているようである。むしろそのほうが常識にかなっているし、人間的であると思う。

ただし、そうやって優遇して入れても、出すのは別であっていい。卒業については個々の先生が試験をして、公正に判断すればいいのである。

ウィルソンが悟ったように、「公正、公正」といっているうちに、いつの間にか公正が不正になっていることもありうるかもしれない。たとえば、政教分離ということがよくいわれるが、これを厳格に判断したら何もできなくなってしまうだろう。NHKは公共放送だからと、お祭りの放送もできなくなってしまうはずである。

このように、公正かどうかということは、ウィルソンがいったように、謙虚な心、あるいは常識的な心に問うて判断すればいいのではないか。その意味で「謙虚な心だけが神の宿所《やどしょ》になる」というのはまさに至言であると思うのである。

17 ケマル・パシャ

トルコ大統領。税関吏の子に生まれる。第一次大戦で「常勝将軍」の名を馳せる。その後、トルコの衰亡に奮起して近代化をなしとげた。(一八八一〜一九三八)

◎大切なのは、帽子よりもその下のものである

ケマル・パシャはトルコの独立を保ち、新しいトルコをつくるために極端な欧化政策をとった。これには明治維新以後の日本の近代化政策からの影響があったともいわれている。ケマルはどんどん西欧の制度を取り入れて、トルコを西欧の文明国と肩を並べる近代国家にしたいと願った。ところが、イスラム教国のトルコを西欧化するためには、風俗習慣まで思い切って変えなければならなかった。その一環として、ケマルは、トルコの名物だったハーレムを開放して、幾千の美女を街頭に出して世界中をアッといわせた。ついでにアラビア文字を廃止してローマ文字を採用し、すべての看板はトルコ語に限った。また西欧風の建物をどんどん建てて、ダンスや夜会を始めた。

しかし、この急激な改革に国内の方々から猛烈な反対が起こった。中でも守旧派を一番怒らせたのは、トルコの三角帽をやめて普通の鳥打帽や山高帽に変えてしまったことであった。守旧派がそれに反対したのは、

「庇《ひさし》や鍔《つば》のついた帽子では、祈禱するとき、神前の床の上に頭がつかない。これは神に対する一大侮辱である」

というもっともな理由があった。彼らはケマルを「外道《げどう》皇帝（サルタン）」とまで罵《ののし》った。しかし、ケマルは驚くことなく、

「大切なのは帽子ではない。その下にあるものなのだ」

と頭を指さしながらいって、昂然として改革を断行した。このケマルの断固たる改革によってトルコは復活し、ここから近代トルコの歩みが始まったのである。

私がたまに行く吉祥寺にあるトルコ・レストランのオーナーは、今でもケマルを尊敬していると話していた。昔の日本人が明治天皇を尊敬したのと一脈通じるような、ケマルはトルコ人にとって別格の存在のようである。

明治の日本も思い切った改革をした。トルコの三角帽ではないが、武士がちょんまげを切るというのは彼らにとって一番の恥だったわけだが、それをあえて断行した。また帯刀をやめ、洋服を着る、あるいは肉食をするというのも大改革であった。そうした風俗習慣

まで変えないと、近代国家にはなれないものなのである。そのために日本の場合は明治天皇が自ら範を示し、変革への覚悟をお伝えになった。

言葉を変えれば、近代国家をつくるには、それだけ強制力を使わなければならないことがあるということになる。今でも日本のグローバル化をとやかくいう人がいるが、グローバル化するためには、ものすごく癇《かん》に障るようなこともあえてやらなくてはならない。それを拒んでいては、世界の潮流に乗り遅れることになってしまう。タイミングを逃さないことが大切なのである。

「大切なのは帽子ではなくて、頭の中なのだ」という言葉は、日本でいえば「和魂洋才」あるいは「和魂漢才」に通じるといってもいい。「和魂洋才」という言葉をケマル・パシャは「問題は帽子ではない。その下のものである」と言い表したのである。

18 武田信玄

甲斐・信濃の領主。戦国乱世の世にあって武威を誇る。元亀三年、西上の軍を起こし、三河野田城まで進んだが、陣中において病死。(一五二一～七三)

◎進むのは易いが、退くのは難《かた》い。いかに生きようかということよりも、いかに死のうかというほうがむしろ大事じゃ

永禄十二年秋九月、甲府の館では北条家の小田原城を攻める軍評定が開かれていた。信玄は当年四十九歳、百戦錬磨の功を積んで思慮も最も円熟していた。信玄の考えでは、南に下って駿河に出ようとすると小田原の北条氏政がこれを妨げるから、逆に駿河に出ないで、啄木《たくぼく》の戦法によって小田原城を叩こうという計画だった。

家来たちはみんな一生懸命に、進軍の道筋と日程を論じている。信玄は一人黙然として考えていた。家来の一人が「殿様がいかがお考えか、お伺い申し上げます」

というと、信玄は

「お前たちがいいように計らえばよい」

と答えた。そういう信玄が手元に広げている地図を見ると、赤い線があちこちに引かれている。それを見て家来は訪ねた。

「その道から討って出る思し召しですか」

すると信玄は、頭を振ってこう答えた。

「いや、これは引き揚げる道だ」

それを聞いて大将たちは仰天した。勇ましい進軍の門出に、退却の道を考えるのはなんたる不吉なことであろうか。我々は勝って北条氏をほうむる覚悟である。破れて引き揚げようとは思っていない。そこで、大将たちは口々にいった。

「それはご無用のことです。凱旋《がいせん》するときはどの道でも自由に通行できますから、今そのようなご検討をする必要はありません」

信玄は笑った。

「そうかも知れぬ。そうでないかも知れぬ。お前たちは進むことを考える。それゆえに私は退くことを考えるのだ。進むことは容易だが、退くのは難しいものだぞ。人間というものは、どのように生きようかということよりも、どのように死のうかということを考えなければならぬ。どのように進もうかということよりも、どのように退こうかということを考えるほうが大事なのだ」

そのようなわけで、信玄は小田原城を囲んだが、もう一揉《も》みと逸《はや》る家来たちを抑えて、さっさと予定の退路を引き揚げた。すると、物を知らない北条方はすわとばかりに追撃してきて、三増峠の合戦でこてんぱんに信玄に打ち破られた。信玄は崩れ立つ敵勢を尻目に見て、山を下って悠々と甲府に引き揚げたのである。

信玄のこの言葉は事業などにも当てはまるだろう。事業も拡大するのは易しいが、引き揚げるのは難しいものである。

私は邱永漢という人の本が好きでよく読むのだが、彼の『私は77歳で死にたい―逆算の人生設計』という本から非常にいいヒントをもらった。その邱永漢さんは七十近くになってから非常に苦労をされた。それでもなんとか持ちこたえたわけだが、「七十なんか簡単に越えると思っていたら死ぬような思いだった」ということを書いておられる。これは退くことを十分に考えていなかったからなのではないか、と思うのである。そういうケースが実業家の場合には実に多いようだ。

また軍隊もそうである。明治と昭和の軍人の大きな違いは、明治の人は、戦争を始める前からいつ止めるかを考えていた、という点である。だから日清戦争でも日露戦争でも、二年と続いた戦争はない。ところが昭和に入ると、とにかく逸《はや》ってしまって、いつ止めるということを誰も考えていない。支那事変でも英米との大東亜戦争でも、戦争を始める前に止めることを考えておくという発想がなかったから延々と続き、結局は物量の差によって敗戦に追い込まれてしまったのである。もしあのとき武田信玄のようなリーダーがいたら、結果は全く違っていたに違いない。

19 徳川家康

徳川第一代将軍。三河国岡崎城主松平広忠の長子として生まれる。戦国の世を平定して徳川幕府を開く。(一五四二〜一六一六)

◎啐啄同時《そったくどうじ》。早すぎてはいけない。遅すぎてもいけない。熟しきった一瞬の気合が、人間万事を決する

二十三歳の家康は岡崎城の城主であった。つとに評判が高かったため、甲斐の武田信玄が家康の家臣酒井左衛門尉《じょう》忠勝に書を送って和睦を求めてきた。酒井はこの書を主君家康に取り次いだ。

その手紙の中に「啐啄《そったく》」という文字があったが、これがどういう意味か誰にもわからない。散々迷った挙句、岡崎城下に逗留している一人の旅の僧侶がいたことを思い出して、これを呼び出した。

この僧侶は江南和尚という名であった。東国を回る途中というので、汚れた麻の衣、すり減らしたわらじ、笠をかぶり、杖をついて現れた。家康の家臣の石川日向守定成が手紙を持ってきて、この和尚に文字の意味を尋ねた。

「どれどれ」

手紙を手にした老師はにっこり笑って
「ああ、啐啄か。結構、結構。鳥が卵を破るには節《ふし》があるのじゃ。早すぎれば水で駄目、遅すぎれば腐るという意味じゃ。合点が参ろう」

と答えた。わかったようなわからないような答えだが、石川はそういう答えをもらって家康に報告した。家康はしばし首をひねっていたが、やがて破顔一笑して、こういった。

「そうか、さすがは信玄だ。これを解釈した老師も老師だ。時節気合の妙味がこの一語の中に含まれておるわい。武将の第一の心掛けはこれじゃ」

この「啐啄」の啐は上に子をつけて「子啐」、「啄」は上に母をつけて「母啄」ともいう。「子啐」とは雛鳥が卵の内側から卵の殻をつつくことであり、「母啄」とは母鳥が外から殻をつつくことである。そして「啐」と「啄」とが内外で相応じて気合の熟した瞬間に、殻が破れて新しい生命が生まれる。どちらか一方が早すぎてもいけないし、遅すぎてもいけない。啐啄同時とは、内の雛と、外の親鳥が、殻を一緒に破ることをいっているのである。

家康は『碧巌録』にある提唱を、この言葉を聞いて体得したのであった。そして満面に笑みを湛えながら、こういうのである。

「啐啄同時じゃ。早すぎてはいけない、遅すぎてもいけない。熟しきった一瞬の気合が人間万事を決する」

家康の生涯は、啐啄同時の言葉の通り、いつも時をいつにするかをうまく考えた生涯ではなかっただろうか。家康は生涯の集大成として大坂城を攻めたが、それはまさに啐啄同時の妙を感じさせるものであった。早すぎれば豊臣恩顧の大名が豊臣家に味方をする恐れがあった。遅すぎれば自分が年を取りすぎる。そういうギリギリの時をはかって決断を下した。

しかも、豊臣家を初めから潰すとはいわないで、和泉のあたりで六十万石ぐらいの大名にならないかと一応勧めている。それは家康としては無茶な提言ではない。というのは、信長の子供を秀吉は岐阜あたりの一城主にしているからである。秀吉が信長の子孫に対してやったのと同じように、家康が秀吉の子供を一大名にするのは筋の通った話だった。しかし、現実にはそれが聞き入れられず、大坂の陣となったわけである。

この提案が拒否されることも予測して、家康は頭の中で、いつつつくかということを絶えず考え、その機会を狙っていた感がある。そして「今なら行ける」というときに仕掛けたのである。

この言葉は、仕事の場ではしょっちゅう使う機会があるだろう。とりわけ交渉事においては、早すぎず遅すぎずという絶妙のタイミングが問われるはずである。

20 加藤清正

豊臣秀吉に随身し、肥後熊本に封ぜられる。朝鮮出兵の際には「鬼上官」といわれた。慶長十六年、五十一歳で没する。（一五六二〜一六一一）

◎悲しむ事は一刻も遅く、喜ぶ事は一刻も早く

加藤清正は痔を患っていた。特に冬になると痔がひどくなって、便所に入ると、真夜中でも一時間ぐらい寒い便所の中にいることがあった。
ある夜中、清正は便所の中から小姓に向かって
「庄林隼人《しょうりんはやと》を呼べ」
と命じた。殿様の命であるから小姓は急いで隼人の屋敷まで知らせに走った。隼人はそ

のとき風邪で寝込んでいたが、何事かと驚いて、寝巻きのまま夜中に便所の前までやってきた。

「隼人、ただいま参上、なんの御用でございましょうか」

と便所の前でかしこまっていると、清正は、

「おお、夜中ご苦労であったが、余の儀ではない。お前がこの前の花見のときに連れてきた小姓はなんという者だ」と聞いた。

「はい、あれは出来助《でこすけ》という者でございます」

「実はあの若者のことだが、あれは感心な男だ。多くの者が花見の気持ちで浮かれていたのに、あれだけは着物の下に鎖帷子《くさりかたびら》を着ておった。みんなが酔っ払っているのに、あればかりは酒も飲まずにお前の周囲を離れずにずっと護っていた。珍しい主人思いの奴だと感心した。今、便所の中でそのことを思い出して、夜中に気の毒だと思ったがきてもらったのだ。あれはお前のためになる奴だから、取り立ててやったらよかろう。出来助の分だけお前に加増してやるから、他の仲間に憎まれないように、徐々に武士に取り立ててやれ。わしも年をとって物忘れをするので、思い出したときにと思って呼んだのじゃ」

隼人は主君の有り難い言葉に感激して、涙を流して平伏した。

「殿様の有り難き思し召し、今晩直ちに出来助に伝えて喜ばせたいと思います」

といぅと、清正がいった。

「そうだ、そうだ。悲しむ事は一刻も遅く、喜ぶ事は一刻も早いのがいい」

この話はこれで終わりだが、別の本か何かで、なぜ清正がこう思うようになったかという話を読んだ覚えがある。それによると、清正の家来が他の武士の家来と喧嘩をしたことがあった。清正の家来は武士の身分ではなかったため、武士とやりあったという理由で処分されてしまった。そのことを清正は思い出して、「あのときに取り立てておけばよかった」という後悔があったという。それ以来、「悲しむ事は一刻も遅く、喜ぶ事は一刻も早いのがいい」という考えを持つようになったというのである。

これは何事につけてもいえることである。清正のように、ぐずぐずしているうちに手遅れになるということもあるし、また、ありがたみがなくなるということもある。善きことは一日でも早く伝えて喜ばせてやるという気持ちは、非常にいい心掛けである。

21 ナポレオン

フランス皇帝。コルシカ生まれ。一砲兵士官から出世して帝位に就く。その勢いは一時欧州を席捲《せっけん》したが、挫折。セントヘレナ島にて没する。(一七六九〜一八二一)

◎味方が負けたという知らせなら、夜中でもよろしい。すぐに知らせてくれ、大急ぎで

ある晩の夜更けの出来事である。ナポレオンが寝ていると、副官が慌しく戸を叩いた。何事かと飛び起きると、副官がいった。

「ただ今戦線から通知がありました。味方は大勝利です」

その報告を聞いたナポレオンはこういった。

「なんだ、勝ったという通知か。それなら明朝でもよかったのだ。しかし、もし味方が負けたという知らせなら、夜中でもよろしい。すぐに知らせてくれ、大急ぎで」

これは、悪い知らせは早くしないと手の打ちようがなくなる、という教えである。勝っている限りは何日も放っておいてもいい。急ぐことはない。だが、負けたときには、一刻も早く報告しなければならない。

これは医者が病人に対するのと同じである。病気がよくなっているのなら、医者は慌《あわ》てて教えなくてもいい。だが、病状が悪化している場合は、一刻の猶予もせずに知らせなければ、手遅れになってしまうおそれがある。

よい知らせは黙っていても耳に入るものである。逆に、失敗したことは報告が遅れがちになる。場合によっては、手遅れになってから報告してくることもある。これは大きな間違いである。悪い通知こそ早くしなければならない。ナポレオンはそれをよく心得ていたのである。

22 ボールドウィン

イギリスの政治家。四十歳で政界に進出し、第一次大戦後に保守党総裁になり、ついには首相にまで登りつめた。(一八六七〜一九四七)

◎志を立てるに遅すぎるということなし

ボールドウィンは地方の金持ちの息子であった。大学を卒業すると父親が経営していた会社に入り、のちにそこの重役になるが、四十歳のときに、政治家になっていた父親が突然死んでしまう。そこでボールドウィンは父親の地盤を受け継いで代議士に立候補しようとしたが、友人たちはみんなそれを止めた。

「君、そんなことは止めたほうがいいよ」

「どうしてだ。僕は政治家には向かないというのかね」

ボールドウィンがそういうと、友達は答えた。

「いや、そういうわけではないけれど、君の年配では、他の人はもうそろそろ次官や大臣になるころだよ」

政界に転出するには遅すぎる。みんながそう忠告した。

しかしボールドウィンは反論した。

「いや、それは違う。僕が政治家になりたいと思うのは、立身出世のためではないんだ。君も知っているように、僕には親のお陰で食うに困らないだけの遺産がある。だから、これから全力をあげて、国家のため、国民のために尽くしたいと思うのだ」

それを聞いた友人はいった。

「それはわかっている。しかし、なんとしても四十で出馬するのは遅いのではないかな」

するとボールドウィンは興奮していった。

「人間が志を立てるのに遅すぎるということはない！　僕は少なくともそう思う」

そして自らの志を貫いて代議士になった。その後、ボールドウィンの利害を超越した国家第一の活動が次第に認められて、ついに保守党の総裁になり、首相になったのである。

日本の場合、年をとってから父親の地盤を継いで立つ人はしばしば見かける。四十歳で立候補といっても珍しい話ではない。しかし、ボールドウィンのころは平均寿命が短いから、四十歳というのは、今でいえば五十歳か六十歳の感覚だと思わなければいけない。そう考えると、四十歳で政治家を目指すというのは確かに遅い。

しかし、ボールドウィンが非常に尊いと思うのは、彼が生活するのに何も困らない大金持ちなのに、代議士として地盤を持っていた父親が死んだから、今度は自分が父親に代わってお国のために働こうとしたところである。

金儲けのためではなく、国のために奉仕しようとするのだから、年齢など問題にならないと彼はいったわけである。「金には困らないから、一つ国のためにやろう」という点が重要である。なぜならば、金に困らないからこそ、純粋に国のために働くことができると思うからである。役人が天下り先の確保に必死になったり、政治家がダーティなやり方で金を得ようとするのは、要するに、どこかに金の心配があるからであろう。

金がなくても立派な役人や政治家もいるとは思うが、たとえば代議士が実際に活動しようと思えば、ポスター一つ作るのにも金がかかる。そして、その金はどこかで誰かに頼っているわけである。そう考えると、政治家が金がないことを誇っても何も意味はない。むしろ、金には困らないという人のほうが、周囲に対して遠慮することなく、自分のやり方、考え方を貫けるのではないかと思うのである。

「うちは金持ちで親父の遺産が使いきれないぐらいある。だから、自分は一つ官僚になって、国のため国民のために働いてやろう」

というような人こそ、財務省や外務省の高級官僚になってもらいたいものである。

しかし、現在の日本では、制度的にそれが難しい。父親がいくら大金持ちでも、死んでしまえば多額の相続税がかかり、子供にはボールドウィンのような大志を抱く余裕が残されない。だから、誰もが金を蓄えることにあくせくし、中には機密費を私的に貯めこんで家を買うのに使うというような意識の低い外交官が出てくることにもなる。それでは困るのである。

そうならないために、私は何年も前から、日本でも早く本来の私有財産制を回復するべきだと主張している。相続税をゼロにして、遺言の通りに分与できるようにする。また、所得税は十パーセント以上は取らない。こうすれば、私有財産を持つ人がたくさん出てくる。

するとどうなるかといえば、三代目ぐらいになると、金儲けはもういいから国のために働こう、国のために自分の財産を使おう、という志を持った人が必ず何パーセントかは続々と出てくる。あるいは、私的な奨学金制度を作って青少年の育成に貢献しよう、という人も続々と出てくるであろう。案外それが行政や政治を浄化する近道になるのではないかと思うのである。

私はボールドウィンのこの話を小学生のころに読んで、その後すっかり忘れていた。だが、改めて読み返してみると、私が近年主張していることの発想の源は、どうもこの話にあるのではないかと思う。

23 スノーデン

イギリスの政治家。マクドナルドらとともに独立労働党を組織し、第一次大戦では非戦論を唱える。のちに労働党内閣の大蔵大臣となる。（一八六四〜一九三七）

◎自分の境遇を改善せよ。しかしその境遇が変えることができないほど強いものならば、諦めてその境遇に甘んじろ

スノーデンは、自転車に乗って受け持ち区域の税金の取り立てをやっていた。プリマスの町は道幅が狭く、凸凹のひどい道なので、自転車で通っていると石垣にぶつかりそうだった。そのうち、突如横道から飛び出してきた犬を避けようとしてハンドルを曲げた拍子に、車輪が石に乗り上げて、彼は自転車もろとも転倒してしまった。

そのとき腰をひどく打ったけれど、もともと病気をしたことがないほど健康だった彼は全く無頓着で、泥を払い落として自転車に乗って駆け出した。

ところが、一週間ぐらい経つと急に発熱して寝込み、両足が利かなくなってしまった。初めのうちは風邪だろうと軽く思い、二、三日すれば治って出勤できると考えていた。けれども、なかなか治らず、そのうちにとうとう、一生涯足は治らないだろうと宣告されてしまった。

怪我をしたときに適当な医療を受けていればよかったと思ったけれど、今となってはもう遅い。だが、両足が元通りに完全には治らないとわかっても、彼は失望も落胆もしなかった。それが彼の人生のモットーだったからである。

「自分の境遇を改善せよ。しかしその境遇が変えることができないほど強いものならば、諦めてその境遇に甘んじろ。そしてその運命に従って己の行動を改めよ」

こういうモットーだった。

彼は、会計官吏として一生を過ごしたかったけれど、足が利かなくなって満足に勤めることができない。何か他の仕事を探さなければならないと考えた彼は、小さいときから政治に興味があったので、それをなんとか生かそうとした。それが残された唯一の道だったのである。

そこでまず弁護士の資格を取ろうと考え、大学の法律試験を受けるために一生懸命勉強して合格し、法律家となった。そして、これをきっかけにして政界に入り、イギリスの労働党内閣の最初の大蔵大臣になったのである。

スノーデンの「境遇が不満ならば改善するように努力をしなくてはいけない。それがどうにも変えられないものだったら、それに甘んじるように腹を決めなければならない」という考え方は、一種の悟りといってもいい。だからこそ、スッパリと自分の将来の計画を変更できたのだ。スノーデンにとっては、事故が官吏の道を諦めて弁護士の道に進むきっかけになり、結果として大蔵大臣にもなったのだから、彼に降りかかった災いは姿を変えた幸運であったということになる。

これは、自分に与えられた境遇が厳しいとき、それをどのように考えれば運命を好転させることができるかを教える貴重な話である。

24 クライヴ

イギリスに生まれ、十八歳のときに東インド会社の書記としてインドに渡る。のちプラッシーの戦いに勝利して、イギリスのインド統治を固める。（一七二五～七四）

◎人間にはそれぞれ与えられた使命がある

クライヴは、今から見ればいい人か悪い人か議論があるだろうけれども、フランスなどとの競争に勝ってインドをイギリスの植民地にすることに貢献した人である。これは列強が植民地をつくっていく時代の英雄として考えなければいけない。

彼は、そのころインドにつくられた東インド会社の書記であった。一七四〇年代のインドはどこの国にも属していなかったが、イギリスはフランスなど他の競争国に押され気味だった。そのため東インド会社も経営困難におちいり、社員の給料も満足に行き渡らないこともあった。そのためクライヴは借金まで作ってしまい、生活はどん底にまで落ちてしまった。せっかく希望を抱いてはるばるインドまでやってきたのに、志とあまりにも違った現状にクライヴは自分が惨めになった。そしてついに自殺しようと決意した。彼はためらうことなく自殺を試みた。右手に持ったピストルを自分の頭に当てて、引き金を引いた。しかし不発だった。もう一回引き金を引くと、二発目もカチンと音を立てただけで不発に終わった。

そのときちょうど友達が飛び込んできて、クライヴの手からピストルを取り上げた。

「どうしたんだ、馬鹿なことをするな！」

そこでクライヴは、友人から問われるままに、ここにいたる一部始終を告白した。やがて友人は試みにピストルを空に向けて撃ってみた。するとズドンと音を立てて、実弾が飛び出した。友達はびっくりしたが、それを見ていたクライヴはさらにびっくりした。

「なんという不思議なことだろう。二発まで自分の頭にピストルを当てて撃ったのに不発だったとは。そうだ、これは神様がまだ自分に死ぬなと命じているのだ。私がこの世に生を受けた以上、何か大きな仕事をせねばならないのだ。私は自殺をする代わりに、死ぬほどの努力を仕事に振り向けなければならない」

そう思うと彼は変わった。今さっきまで悲観して自殺するような軟《へなへな》な人間だったのが、たちまち何者も恐れない人間になった。その後間もなく、彼は東インド会社が募集した義勇兵の一員となって、次から次に手柄を立て、イギリス軍のリーダーとなった。そして競争国を圧迫して東インド会社を発展させ、イギリスがインドを植民地にする基礎を築いたのである。

この話の教訓は「人間は忽然《こつぜん》として悟ることがある」ということである。

戦後よく聞かれたが、偉い実業家の中には「九死に一生を得た」という人が多い。ガダルカナルまで行って生きて帰ってきた人、特攻で出たけれど飛行機の故障で二度も途中で墜落し生還した人など、いろんな人がいる。そういう人たちはやはり、「自分は特別なのだ」という感じを抱くようである。戦後の苦しい時期に、日本再建の柱になった人にお話を聞くと、そういう話が何人もの口から出てくるのは興味深いところである。

25 守田治兵衛

初代守田治兵衛が延宝八年江戸上野池之端に開いた江戸最古の薬舗「守田寳丹」の九代目。明治新政府の第一号公認薬「寳丹」を作った。(一八四一〜一九一二)

◎裸にて生まれて来たに何不足

守田治兵衛は「寶丹（宝丹）」というコレラなどの予防薬を最初に作った人である。この人が事業に失敗して全く無一文になり、死に場所を探しに旅に出かけたことがあった。

希望のない暗い心を抱いて、甲州街道を下って甲府の安宿に泊まったときに、疲れた体を横たえて寝ようとして、ふと枕屏風（隙間風を防ぐために枕元に立てた小さな屏風）を見ると、そこにこう書いてあった。

「裸にて生まれて来たに何不足」

俳句とも川柳ともつかない句である。それも、金釘流の粗末な字で書いてあった。だが、そのときの守田氏にはピンと来るものがあった。そこでこの句を心の中で繰り返して読んでみると、翻然として悟ることがあった。

「そうだ、俺はもともと裸で生まれてきたのだ。それが今、裸一貫になったからといって、不平を起こしたり、狭い料見を起こしているのはとんでもない間違いだ」

するとと急にすがすがしい気持ちになって、また東京に戻り、奮闘に次ぐ奮闘を続けて、ついに製薬会社で一旗挙げることに成功したのである。

人生には、ひょんなきっかけから気持ちを切り換えて、うまくいくことがある。時をとらえて決断できるかどうか、成功はこの一点にかかっているといってもいいのかもしれない。

第三章

勇気と覚悟

運命を開くもの

26

山崎闇斎

崎門《きもん》学派の祖。道学に志し、三十歳のときに京都で初めて講筵《こうえん》を開く。以来、天下にその名を轟《とどろ》かし、天和二年に死す。（一六一八～八二）

◎さらば孔孟を虜《とりこ》にし、これを軍陣の血祭にあげよ。これ即ち孔孟の道なり

山崎闇斎《あんさい》がぎっしり集まっている大勢の弟子たちの前でこういった。

「皆のものに尋ねたいことがある。外でもない。もし孔子が総大将になり、孟子が副将軍となって、大軍を率いて我が国に押し寄せるような場合があるとすれば、我々孔孟の学問をしている者はどうしたらいいのか。お前たちの覚悟を知りたいのだ」

闇斎は当時超一流の学者であるから、門下には優秀な弟子が多数いた。そうした弟子たちは、朝から晩まで四書五経を読んでいた。しかし、彼らにとっても、これは思いもかけぬ難しい問題であった。

誰も答えることができないまま、不気味な沈黙が続いた。刻々と時が過ぎて行くが、誰一人として発言しない。

そのとき、満座が頭を垂れて身動きしない間から、おそるおそる声が聞こえた。

「我々一同では考えるに余ります質問でございます。先生のお考えをお伺いできたら幸いでございます」

すると闇斎は別に怒ることもなく、厳然としてこういった。

「不幸にして、そのような場合に出遭うことになったならば、容赦《ようしゃ》はならん。奮戦して孔子を虜《とりこ》にし、孟子を虜にして、これを軍陣の血祭にあげるまでだ。これが即ち孔孟の教えである」

これを聞いた弟子たちは、粛然として固く拳を握った——。

山崎闇斎の思想の系統は、明治維新の一つの中心的な流れになったといわれる。今ではあまり聞かないが、かつては「山崎闇斎がいないところにキリスト教が入ると、植民地にされる」といわれた時期がある。

昔、西欧列強は、住民をキリスト教に改宗させてから植民地にするという方針をとっていた。それで戦時中に、もしも日本にキリスト教の聖人——聖王ルイのような人——が軍隊を率いて攻めてきたら、日本のキリスト教徒はどうするかという話になったことがある。

これは非常に答えにくい問題だが、戦争中の日本のキリスト教徒はわりと山崎闇斎に近い意見を述べていた。つまり、侵入者と戦って潰すのがキリスト教の教えだ、と。そういう考えがないと、結局はキリスト教国の植民地にされてしまうというわけである。

ただし、敗戦後は、キリスト教徒はそのようなことはいわなくなった。

戦前と戦後で変わらなかったのは、カトリック教会の靖国神社に対する態度である。すでに戦前に、カトリックのローマ教皇使節は、「戦死者、愛国者を祀るのはキリスト教に反しない」と正式に言明している。戦後も、使節代理であった上智大学のビッター神父（教授）は同じような意見を述べている。

ところが、非常に愛国的な主張をしていたプロテスタントの一部は、今では靖国神社を訴えたりしている。それを見るにつけ、国のために死んだ人に、その国の人が敬意を払うことを訴えるのがキリスト教精神だと本当に考えているのか、という疑問が起きる。これでは、孔子、孟子の軍隊が攻めてきたら、そちらが本家なのだから降参して従え、という発想と同じである。

山崎闇斎はそうはいわなかった。たとえ本家であろうと、攻められたら戦ってやっつけるのが教えであると決然と言い切った。こういう人がいたからこそ、明治維新が成ったのである。吉田松陰も同じような考えの持ち主だが、それはもちろん、山崎闇斎の系統の思想が彼の中に入っているからである。

27　ビスマルク

ドイツの大政治家。外交官出身で、首相になると鉄血政策によってオーストリア、フランスを降《くだ》し、ドイツ帝国を築いた。（一八一五～九八）

◎言葉は兵士ではない、議論は軍隊ではない、敵軍が国内に侵入してきたときには、言葉や議論では間に合わないのだ

ビスマルクは、三十ぐらいの国に分かれていたドイツを奇跡の如く統一した。今もドイツが一つの旗のもとにあるのは、ビスマルク以来の伝統である。

これは、一八八七年一月十一日、議会においてビスマルクの軍備拡張方針が反対されたときの話である。

「諸君はいろいろ言うけれども、要するに言葉に過ぎない、議論に過ぎない。それではなんにもならんのだ」

ビスマルクはこういって、さらに言葉を続けた。

「言葉は兵士ではない、議論は軍隊ではない、敵軍が国内に侵入してきたときには、言葉や議論では間に合わないのだ」

この言葉によってビスマルクは議会を説得し、それがドイツ統一につながることになったのである。

これは戦前には子供にもよく知られていた言葉である。しかし、戦争中、軍部に都合よく利用されすぎた感があり、戦後はほとんど耳にしなくなった。ただ、言葉そのものの持つ意義は今も古びてはいない。仮に日本を侵すような外国勢力が出てきた場合は、依然としてこの言葉は力を持つだろう。要するに、ビスマルクは警備力の必要性についていっているわけである。

たとえば、北朝鮮が崩壊したら、韓国も同様に崩れるかもしれない。そうなれば、何万か何十万の人が日本に押しかけてくる可能性は否定できない。そのときに、無制限に侵入を許さないとすれば、何か歯止めをかける手段が必要になってくる。その手段とは、議論でもなければ、決議でもない。結局は警備力なのである。

あるいは、拉致問題が生じたのは日本の警備力が不足していたからで、日本の軍事力が北朝鮮になめられていたからである、という言い方もできるのではないか。

現実の世界には、いくら議論をしても解決できない問題がある。そういうときにどう考えるのか、どのような対処をしていくのか、それを考えることは政治家の重大な責務なのである。

28 山県有朋

日本陸軍の兵制を組織した実力者。山口・萩の生まれ。松下村塾に学び、奇兵隊を率いて幕軍と戦った。元帥、公爵となり、元老として権力を揮った。（一八三八～一九二二）

◎死もまた天壌に容るるところなし

琉球の漁民が六十八人ほど台湾に流れ着いて、原住民に虐殺される事件が起こった。政府が厳しく清国に交渉すると、清国はこう返答してきた。

「あれは清国の領土ではない。勝手にどうとでもすればいい」

そこで日本は、西郷従道を征夷総督として台湾征伐を行った。日本に何ができるものかと高をくくっていた清国当局者はびっくりして、にわかに撤兵を申し入れてきた。

ここで政府は腹を決めなければならなかった。兵隊を引き揚げればまたなめられる。かといって、拒絶すれば戦争になるかもしれない。そうなったときに果して勝算があるかどうか。押すか引くかを決めるのは、山県有朋の答え一つということになった。

山県はその翌日、有名な外征三策を明治天皇に建白して「断固やる」と決意するが、そのときにこういっている。

「清国は少しも恐れることはない。もし私が三万人の兵隊を率いて攻め入れば、一挙に叩き伏せる自信があります。しかし、今、日本は容易ならない時節です。この方針をしたためながらも、涙がこみ上げてくるくらい。神武天皇がお開きになったこの御国が自分のやりよう一つでどうなるかわからないと思うと、寝ても寝つけない。もし失敗したら、死んでも天壌《てんじょう》に容るるところなしと考えております」

事件が起きたのは明治七年ごろのことで、日本はまだ近代国家としての基礎が定まっていなかった。征韓論で敗れた西郷隆盛は、下野して薩摩に帰っていた。そういう時期であったから、下手をすると清国と戦争になるかもしれないという重要な決断をするのは、山県でなくとも難しかったに違いない。「ここでやりそこなったら、死んでお詫びをするとしても、死んでも天にも地にも自分は行くところがないだろう」というほどの悲壮な責任感を伴う決断であったのだ。

山県有朋は、戦後非常に評判が悪い。だが、彼もまた維新の生き残りであり、それだけに非常に慎重な人であった。「死もまた天壌に容るるところなし」には、山県の強い覚悟がある。「死んで詫びればいい」というような簡単な話ではないというのである。

山県は軍国主義者と評される。確かに陸軍の総帥であり、民主主義があまり好きではなかったし、議会が強くなりすぎることを嫌っていたようだ。明治憲法のもとで総理大臣になっているから、憲法を無視することはなかったが、どちらかといえば、政党は好きではなかった。

しかし、戦後になっていろいろ読んだものの中で、山県に対して「これは」という評価があった。誰が書いたものかは覚えていないが、「山県有朋が生きていたならば二・二六事件以降の軍部の独走は起こらなかったであろう」という趣旨の評価であった。山県を評価する人は少ないが、この意見については確かにそうかもしれないと私も思うのである。

29 フォッシュ

フランスの将軍。第一次世界大戦のとき、マルヌの会戦で偉勲を立て、のちに連合軍総司令官となって連合軍を勝利に導いた。(一八五一〜一九二九)

◎人は為さざるべからざる事を為せばそれでよい。あとは神の為すに任せよ

第一次大戦の天下分け目の戦いは、一九一四年九月五日にフランスのマルヌ河沿岸で行われたマルヌの会戦であった。

時の連合軍総司令官ジョッフル元帥は、全軍に命令を発した。

「今や我らは国家の安危にかかわる対戦に直面している。この危機存亡のときに際して、我らは全身の勇気を振るって敵にあたり、これを全滅させなければいけない。前進できない軍隊は現状を死守せよ。退却やむをえなければ、現状において倒れることも覚悟せよ。一度膝を屈すれば、もうこれを伸べる機会は来ないぞ」

ジョッフル元帥の命令を受けて、フランス軍の将兵は必死になって総攻撃を開始したが、ドイツ軍は地の利を得てこれを迎え撃ち、凄まじい勢いであった。これにはさすがのフランス軍も全線の退却を余儀なくされてしまった。

それから三日経った九月八日の夕方、フランス軍第九軍団の司令部には、味方の負け戦の状況が刻々と報じられていた。フランス軍の右翼で戦っていた一部はドイツ近衛師団の

猛攻撃にあって全滅した。またある連隊は、連隊長も参謀も戦死して支離滅裂の状態になっていたし、ある中隊では将校全部と兵隊の三分の二以上が戦死した。

第九軍団の指令官フォッシュ元帥は、黙然としてその戦況を聞いていたが、参謀たちの顔には憂いの色が濃くなった。その様子を見たフォッシュ元帥は、落ち着き払ってこういった。

「ドイツ軍は狂嵐の如く逸《はや》り猛《たけ》って、フランス軍を一掃しようとしているが、これは各地におけるドイツ軍の戦況が思わしからざる証拠である。死に物狂いになって、それを挽回《ばんかい》しようとしているのだ」

幕僚は元帥の落ち着き払った態度に驚くと同時に、その言葉があまりに呑気《のんき》なので不安に感じた。元帥も心の中では、このときの味方の状況に対して不安の念を持っていた。だが、その不安の念は日頃から抱いていた次の信念によって消し去っていたのである。

「人は為さざるべからざる事を為せばいいのだ。あとは神の為すに任せよ」

人は全力を尽くしたら、あとはもう神様に任せるよりしょうがない。困ったときでも、いたずらに慌《あわ》てたり狼狽《ろうばい》したりするな、ということである。

そうして頑張った結果、戦況は次第にフランス軍有利に展開していった。この戦いでの勝利がきっかけとなって、フランスはドイツ軍を破ることができたのである。

もしフォッシュ元帥がこのときに慌《あわ》てふためいていたら、おそらくドイツ軍はマルヌ河を突破して、パリに流れ込んでいたことであろう。指令官は、こういうときに慌ててはならない。心中の不安を部下に見抜かれてはならないのである。

実際の戦場では、勝っているのか負けているのかがわからないという状況がしばしば生じるのだそうである。そういうときに尊いのが、猛将といわれる人である。猛将は、そういう不安な状況に挫けないで、全軍を鼓舞し、勝利に導くことができる。

フォッシュはそういう人だった。確かに彼がここでいったように、相手が無茶苦茶な攻撃をしてくるときは、逆に相手が崩れかかっているときだということも、現実としてよくあるのだそうである。

30 蒲生氏郷

安土桃山時代の武将。秀吉に仕え、小田原の役の功によって、会津若松城主となる。また、キリスト教の信者であった。(一五五六~九五)

◎我に続け！

蒲生氏郷は、十七歳のときに主君である織田信長に頼んで、柴田勝家の下につけてもらいたいと願った。なぜ柴田の下なのか。その理由が面白い。

柴田につけば又者《またもの》、つまり信長の家来の家来になる。それよりは信長直属の家来でいるほうが、格としては上である。しかし、と氏郷はいうのである。

「又者《またもの》になるのはいかにも残念であるけれど、柴田はいつも織田軍の先鋒をうけたまわる軍隊である。しばらくはその部下について、その戦いの駆け引きを見習いたい」

こうして氏郷は十七歳のときに柴田勝家の部下となった。

この氏郷が新しい侍を召し抱えるときに、こんなことをいった。

「お前も縁があって蒲生家に仕えることになったからには、どうかよろしく勤めてもらいたい。何よりもお前に望みたいことがある。合戦のときに銀の鯰尾《なまずお》の兜《かぶと》を頂いた武士が真っ先に進むであろう。そちはその者に負けぬように懸命に働いてくれ」

さて、合戦になると、なるほど銀の鯰尾の兜が真っ先に進んで行く。すると「これが殿様が仰せになったことだ」と、誰もがあの銀の鯰尾に遅れてたまるかと、我も我もと突き進んで必死になって戦うので、蒲生軍はいつも勝利した。

それでは、その銀の鯰尾の兜をかぶって真っ先に進むのは何人かといえば、それは氏郷自身であった。

それについて氏郷はこういっている。

「主将となって人を指揮する者が、進め進めと後ろから号令をかけているようでは、誰も進む者はあるまい。己がまず進むべき地に進み、我に続けといってこそ、人も進んで来るものじゃ。真に人を進ましめる道は、この外にはない」

これは実戦の部隊長の心得である。しかし、蒲生氏郷は実戦部隊長にとどまらない大きな器量の持ち主でもあった。そのため秀吉も非常に重んじて、仙台の伊達政宗を抑えるために会津百万石（正確には九一万石と言われる）を与えたのである。

そのとき、蒲生氏郷ははらはらと涙を流したという。家来たちは「百万石の大大名になったので、嬉しくて泣いたのだろう」と思っていたが、そうではなかった。たとえ十分の一の十万石でも、また五万石でも、京都の近くにいれば事が起こったときに名を成せるが、会津にいてはいざというときに働けない。「それが残念だ」といって泣いたのである。

武人とは氏郷のような人のことをいうのである。

31 ウェリントン

イギリスの将軍、政治家。ワーテルローでナポレオンを撃破し、勇名を天下に轟かす。その功により公爵を授けられ、のちに首相となった。(一七六九〜一八五二)

◎恐れを知る者は真の大勇者なり

ナポレオンとのワーテルローの戦いのとき、前線にあるイギリスの部隊から、敵の塹壕《ざんごう》に近づいて爆弾を投げる二人の勇士が選ばれた。二人とも見事にこの大任を果たして帰ってきたので、恩賞にあずかるためにウェリントン将軍の前に召し出された。

将軍が自分の前に現れた二人の男を見ると、一人の兵士は落ち着いていて、自分がどのような大任を果たしたかということさえ無頓着な顔をしている。もう一人の兵士は顔色が青ざめ、この男がどうしてあんな大任を果たしたのかと思われるほど、恐ろしさに肩を震わせて口もろくにきけない様子であった。

その様子がおかしいので、居並ぶ将軍たちが笑い出した。するとウェリントン将軍は、二人が帰るときに一歩前に進み出て、平然として立っている兵士の後姿を指さしながらいった。

「あの男は恐れを知らない勇者だ」

次に、ぶるぶる震えながら歩いて行く兵士を指さして、こういった。

「あの震えている男にいたっては、恐れを知ってなお進んで行くことのできる勇者だ。あの男は平素からよほどの臆病者らしい。だが自分に与えられた使命を果たすためには、誰よりも大胆に行動できる男だ。だから、あの男が震えているからといって決してあなどってはならないぞ。わしは、ああいう命令に忠実な男がいるのを見て、イギリス軍の勝利は確かであると思った。恐れを知って、しかもこれを恐れざる者こそ真の大勇者である！」

一同はしーんとして将軍の言葉を聞いていた。

恐れに鈍感な者は駄目なのである。恐ろしいけれど、やらなければならないときには、恐れを克服して行動する者が本当の勇者なのだ——ウェリントンはこう教えるのである。

かつて京都大学の会田雄次先生から聞いた話だが、戦場ではヤクザと料亭の主人ぐらい臆病な者はいないのだという。料亭の主人は接客業だから勇敢でなくてもいいが、勇敢であるはずのヤクザが臆病だというのは非常に面白く感じた。それはなぜなのか。

ヤクザが普通の人を脅すのは、相手が絶対にやり返してこないと知っているからである。

ところが、戦場ではそうはいかない。やれば必ずやり返される。それがわかるから、ものすごく臆病になってしまう。会田先生がいうには、そういう戦場で一番勇敢なのは、素朴な兵士なのだそうだ。農村出身で、平素はおとなしくしている兵隊が、戦場ではやるべきことをきっちりとやるのだという。

このウェリントンの話はそれに通じる部分があるように思う。

32 ナポレオン

フランス皇帝。コルシカ生まれ。一砲兵士官から出世して帝位に就く。その勢いは一時欧州を席捲したが、挫折。セントヘレナ島にて没する。(一七六九〜一八二一)

◎勇者に対しては、敵人なりといえども、余はこれを尊敬す

フランスのヴェルダンという場所にある監獄に、二人のイギリスの水兵が捕まっていた。ところが、この二人はうまく脱獄して、ブローニュの岸まで逃げてきた。それから先は海を渡らなければならないが、一隻のボートも見つからない。そこで彼らは材木の切れ端を

拾い、小さな筏《いかだ》を作って三、四尺の布を帆にして海峡を横切ろうとした。ところが、準備が整い、いよいよ船出だというときに発見され、捕まってしまった。

「逃げようとした水兵どもをここに連れて来い」

捕まった水兵たちがおそるおそる現れると、ナポレオンはこういった。

「この筏はお前たちの手で作り上げたのに相違ないか」

「陛下、そうでございます」

「この筏でこの海峡を渡れると思っているのか」

「はい、そのつもりでおります。もし陛下がお疑いであるのなら、私どもにこの筏を操縦させてください。そうすれば必ず本国に帰る自信があります」


ナポレオンはこの勇敢な言葉を聞いて感心した。

「よし、私はお前たちのその勇気に免じて帰国を許してやろう。縄を解いてやれ！」


そういって衛兵に縄を解かせた。さらにナポレオンはいった。

「お前たちがロンドンに帰ったならば、フランスの皇帝は、勇者に対しては敵人たりといえども、これを尊敬するのだ、といって自分たちを放してくれたといってくれよ。わかったであろうな」


ヨーロッパのよき伝統の名残りを感じさせる話である。ヨーロッパでは三十年戦争（一六一八~四八年にかけてカトリックとプロテスタントの間で起こった宗教戦争）のときに無茶苦茶な殺し合いをした。宗教戦争の場合、敵は悪魔そのものだから、遠慮会釈なく殺したのである。戦場となったドイツのある地域では、人口が戦争前の四分の一から五分の一に減ったといわれているほどで、敵は勇敢なりといえども尊敬など一切しなかった。

三十年殺し合った挙句《あげく》にどうなったかといえば、一六四八年にウェストファリア条約が結ばれて、宗教戦争はもう止めようということになった。そして、君主の宗教がカトリックなら、その地域の住民はカトリックにする。君主の宗教がプロテスタントなら、プロテスタントにする。それが嫌な住民は場所を移ればいい、ということに決まった。宗教の対立が戦争の原因であったのに、最後には、宗教なんか勝手に選べばいいということで終わったわけである。

そして、ここからいわゆる啓蒙思想が興ることになった。啓蒙思想の時代になると、敵を悪いものだと思わないようにしよう、という約束事ができあがった。だから、戦争をしていても、意識の上では非常に礼儀正しく戦争をするようになった。負けた相手に対して無茶苦茶な要求はしないし、決して尊敬を失わない。こういう伝統がヨーロッパに生まれたのである。

ナポレオンはもちろん、啓蒙思想以後の人であるから、勇者を尊敬するという伝統を守った。負けた王様を辱《はずかし》めるようなことは決してしなかった。イギリスはナポレオンを危険視してセントヘレナ島へ流したわけだが、これに対して「イギリスは騎士道の精神に反する」と非難する人も多かったのである。この一件は例外として、一般的にいえば、啓蒙思想の広がりとともに戦争は非常に優雅なものになった。いかにきれいに戦ったかが問題とされるようになったのである。

その名残りがヨーロッパではずっと続いていて、第一次大戦のような凄まじい殺し合いの戦いのあとでも、負けたドイツ皇帝ヴィルヘルム一世をどう裁くかという案はヨーロッパからは出なかった。アメリカは厳しく裁くことを求めたが、ヨーロッパの人たちは、勝者が敗者を裁くことはよくないといって、結局その意見が勝った。事実、ヴィルヘルム一世は裁かれないまま、自分の親類のいるオランダで平和に余生を過ごすことができた。

ところが第二次大戦後になると、様相は一変した。何しろアメリカが圧倒的に強かったので、すべてにアメリカの意見が通ることとなり、東京裁判に象徴されるように、勝者が敗者を裁くという形が定着していくのである。

ご存知のようにアメリカは新しい国で、いわばヨーロッパの伝統を飛び越してできた国である。たとえば、奴隷制度を近代以降に大幅に採用したのはアメリカであった。奴隷制度は古代ギリシャや古代ローマでは盛大に行われていたが、中世になると「キリスト教精神に反する」という理由から次第に廃止されていった。しかし、アメリカは中世を知らない国だから、古代ギリシャやローマのごとく、奴隷制度を躊躇なく採り入れたのである。

これと同様に、ウェストファリア条約以降の「勝敗はあっても敵を悪いものとは決めつけない」という伝統も、アメリカは知らない。だから、敵は悪魔同然であるようにいい、東京裁判においても、そのような認識のもとに日本人を裁いた。

捕虜虐待や民間人を殺した罪を裁くことは国際条約で決められていたが、戦争した相手を裁くというのは、自分のほうだけが正しかったという立場である。これは現実にはありえないことだが、アメリカはその伝統を破ったのである。国際条約に則《のっと》って裁くとすれば、民間人を殺した罪が一番大きい。ならば無差別爆撃をし、原爆を落とし、多数の民間人を虐殺したアメリカが、本来は一番裁かれるべき存在であったはずだ。

ナポレオンの話を読むと、当時のヨーロッパの戦争にはこうした寛大な面があったのだという心地よさを感じる。しかし、アメリカが力を持ってから戦争は全く変わってしまった。勝者が正義で、敗者が悪という形でないと戦争ができなくなった。これは近代二十世紀の悲劇だと思うのである。

日本は、どちらかといえばヨーロッパに似たところがあるように思う。たとえば、徳川慶喜が降参したのち、あくまでも戦おうと主張して函館の五稜郭で頑張った榎本武揚は、明治政府では重用されている。何より徳川慶喜が厳しく罰せられてはいない。厳しい処罰を受けたのは、めぼしいところでは新撰組の近藤勇と小栗上野介だけである。近藤勇は、新撰組の頭領として多くの維新の志士を切ったから、その恨みを買ったのであろうし、小栗上野介は、幕府の海軍を使って大坂に逆上陸して勤皇方を全滅させようと計画したため、こんな恐ろしい奴は生かしてはおけないというので殺された。

しかし、この二人は例外的であり、普通の人はみなそれぞれに見合った処遇を受けている。このあたりは「武士は相身互い」のような状況があり、また人材温存という考えもあったのだろうが、どこか敵を尊重するというヨーロッパと似た気運があったように思う。「武士の情け」というような言葉も、ヨーロッパの騎士道に通じるところがある。

33 鶴見祐輔

政治家・著述家。第一次鳩山内閣で厚生大臣を務める。後藤新平の女婿であり、鶴見和子・俊輔の父。(一八八五〜一九七三)

◎偉人とは、恐怖という観念を克服した人のことである

鶴見祐輔の語った話である。鶴見さんは少年のころから歴史と伝記が好きで、ほとんど手当たり次第に英雄伝を読んだ。この人はのちに代議士なるが、一方で、『ディズレリー伝』や『ビスマルク伝』など、いろんな伝記物を書いている。だから、本当に人物伝が好きだったのだろう。

その鶴見さんが言うには、偉人と偉人でない人の区別は非常に簡単である。その区別とは次のようなものだという。

「偉人とは、恐怖という観念を克服した人のことである」

人間は誰でも、心の中に危険を恐れる感じがある。だから、良いことと知っていても、危ないことはしたくない。非難されるようなことには手を出したくない。そういう感じで、たいていの人は、危険を避けて安全な道を歩いて死んでいく。

誰にも偉人となる道はあるのだが、その才能を発揮できるか否かは、安全だけを求めないで、危険に向かって勇往邁進できるかどうかで決まる。昔の人は、これを勇気といった。しかし、勇気という文字だけでは足りない。これを「危険を恐れざる心」と鶴見さんは

いう。自分の心の中の恐怖心を克服することである。

秀吉の伝記を見て一番感服するのは、この人が一生を通じて、恐れるという感じを持っていなかったことだ。秀吉ぐらいの知恵のある人はたくさんいたけれど、彼のごとく、恐れることなく邁進したのは、日本史の中で比べるものがない。そう鶴見祐輔はいうのである。同じようなことは、佐藤紅緑も別のところで語っていたのを読んだことがある。

私はかつて、部落解放同盟や、その他の言論攻撃団体からほとんど一年にわたって授業妨害を受けたことがある。そのときに自分に言いきかせたことは、「恐れてはいかん」ということだった。それで発言の取り消しもせず、謝りもせず、そのうち抗議の押しかけはなくなった（事実、私は不当に差別用語を使ったのではなかった）。あの時代に自分の言論を守り通せたということは、案外こんな子供のころに読んだものが芯になっていたのではないかと思うのである。

34　ベートーベン

ドイツの音楽家。ボン生まれ。ルドルフ大公などの支援により作曲家として地位を確立。「英雄」「運命」「月光」などの傑作を生み出した。（一七七〇〜一八二七）

◎忍従！　それは苦しき人生の案内者である

ベートーベンの生涯はよく知られるように苦悩の連続だった。彼は三十歳のとき、不具な身の不幸と貧窮、失恋の苦痛に耐えかねて、自殺の覚悟を決めた。

それまでの六年間、彼の耳はがんがん鳴り通しで、ついには聞こえなくなった。だが彼は音楽家で作曲家であったから、それを隠さなければならなかった。幾十の作曲もわずかな金にしかならず、靴を買うお金にも困った。愛人からも裏切られた。

自殺しようとした彼は、その最後の瞬間に苦悩の底から一つの力を見出した。一八〇二年十月六日、「ハイリゲンシュタットの遺書」の中で、彼は書いている。

「忍従！　それは今や私が案内者として選ばねばならぬものだった。私は自分が生まれたことを呪いさえした。……けれども、プルターク英雄伝が私を忍従に導いてくれた。何はあれ、力の及ぶ限り我が運命に戦いを挑もう……忍従の徳のみが幸福を与える。金銭は駄目だ。我が艱難《かんなん》の日に、この不幸な自分を支持してくれるのは忍従の力である」

とにかく我慢しなくてはならない。そう誓って自殺を思いとどまり、そのときから二十五年間、彼は苦闘と忍従を続け貧乏に苦しみながら、聞こえない耳で偉大なる音楽を創造していったのである。

ベートーベンは我々が最も天才的だと考える作曲家の一人である。あまたの作曲家の中でもとりわけ巨大なベートーベンが教えている一番重要なことが「我慢、忍従」であった。この言葉にふれるとき、我々はどれほど我慢しなければならないか、と考えざるをえないのである。

35 宮本武蔵

剣豪。二天流兵法の開祖。肥後細川越中守に仕え、剣名を轟かした。死の間際まで書き続けられた『五輪書』は剣法の極意を著した書として有名。（一五八四？〜一六四五）

◎神仏は尊ぶべし、頼むべからず

宮本武蔵は、二十一歳のときに京都で吉岡清十郎と決闘して、これを倒した。清十郎の弟伝七郎は、兄のあだ討ちをしようとしたが、逆に討たれた。吉岡家は重ね重ねの不首尾を悔い、門弟が集《つど》って話し合った結果、清十郎の一子又七郎を押し立てて、京都の東北、一乗寺藪の郷下り松のほとりで武蔵に試合を申し込んだ。

武蔵の門人はこれを聞いて、

「この度の試合は大変なことです。先生がいかに兵法の極意を得られていても、一人で数十人を敵として戦うことはできません。願わくは我々も連れて行ってください」

と懇請した。しかし武蔵は、

「その志はかたじけないけれども、お前たちを引き連れて行けば、党を結んで戦いを催すことになり、天下の大禁をおかすことになる」

といって、同道を許さなかった。

武蔵は一人で出向くにあたって考えをめぐらせた。

「私は先に吉岡清十郎及び伝七郎と果たし合いをしたときは、いつも遅れて行って向こうをいらつかせた。今度は先に行って待っていよう」

そして夜が明ける前に、一人で出かけて行った。すると八幡様の社《やしろ》が途中にあったので、

「幸いに八幡様の神前にきた。勝利を祈ろう」

と思って社壇に進み、神前《しんぜん》に下がる鰐口《わにぐち》の緒をとり、まさに振り鳴らそうとしたとき、ハッと気がついた。

「自分はいつも〝神仏は尊ぶべし、頼むべからず〟と誓っていたのに、今この果し合いの

前に祈ろうとしてしまった。どうして神様が受けてくれるであろうか。ああ、我ながら拙《つたな》き心であった」

武蔵はひどく恥じ、社殿《しやでん》を下がるときには冷や汗が出て、それが足の踵《かかと》まで及んだ。

決闘場所の一乗寺下り松に到着した武蔵は、夜も明けずにシンとしている中、松陰でしばらく待っていた。すると又七郎は門弟を数十人率いて、提灯《ちようちん》を照らしてやってきて、笑いながら話していた。

「武蔵は今度もまた遅れてくるであろう。まあ一休みしておこう」

そういって近づいてくるのを、武蔵は
「又七郎待ちかねたり」

と大声でいいながら、大勢の中に割って入った。

そして、又七郎が慌てて抜き合わそうとするところを真っ二つに切り殺した。門弟たちは気を呑まれ、槍や弓でかかってきたが、武蔵はことごとくなぎ払い、追い崩したので、命からがら逃げ去った。武蔵はわずかに矢を一筋袖に留めたのみで、小さい傷も負わなかった。

武蔵は後年このときのことを人に語っていった。

「人はいつも覚悟はしていても、いざというときになって心が変わらないというのは難しいことである。自分は独行道《どっこうどう》に〝神仏は尊ぶべし、頼むべからず〟と誓っていたのに、危うく神様にお願いしようとした」

武蔵の気力の凄さ、そして〝反省力〟の凄さが伝わってくる話である。試合の前に神社があれば願をかけたくなるのは人の常だが、武蔵はすんでのところでそれを止め、「尊敬はするが、頼まない」という信念を貫いた。そして、足もとまで冷や汗を流しながら反省をするのである。これほど己に厳しくなれるからこそ、武蔵は勝ち続けたのである。

36 伊藤蘭嵎《らんぐう》

江戸中期の蘭学者。伊藤仁斎の第五子、東涯、梅宇の弟。京都の人で、紀州侯に仕える。博学能文で、書画にも優れていた。（一六九三〜一七七八）

◎蓐《しとね》に坐する人の前で、聖人の書を講ずることはできぬ

紀州侯に招かれた伊藤蘭嵎《らんぐう》は、初めて殿様の前で講義をすることになった。拝聴を許された重臣たちも、威儀を整えて各自の席に着いた。紀州侯は上段にしつらえてある厚い座

布団に静々と座った。

水を打ったように静まり返っている部屋の中央に端然と控えた蘭嵎は、堅く唇を結んで一言も発しない。しばらく時が経過した。それでも黙然として身じろぎもしない。部屋の中に、だんだん重苦しい空気が漂い出した。

「評判の高い学者ではあるが、なんといっても貧乏の中で育った者だから、高貴な人の前に出ると気後れがして声が出ないのだな」

口には出さないものの、その場のみんながそう考えていた。

それにしてもずっと黙ったままでいるので、ハラハラしていた係の者が、もう我慢できなくなった。彼は蘭嵎に近づくと、

「まだ始められないのは、いかがなされたことか。君公の御前であるぞ」

と小さい声で、たしなめるようにいった。すると蘭嵎はキッとして、

「殿様はまだ座布団を敷いておられます。座布団に座っておられる人の前で、聖人の書物を講ずるわけにはまいりません」

何憚《はばか》ることなくはっきりと言い放った。

道を求めることに一生懸命だった紀州侯は、すぐに座布団を撤去させた。すると途端に、音吐朗々として明快な講義が蘭嵎の口から流れ出した。

「なるほど、本当の儒者とはこういう人をいうのだな」

満座の人は思わず五体を緊張させて、彼の一言一句に耳を傾けた。

これは伊藤蘭嵎も立派であり、紀州侯もまた立派であったということだ。

江戸時代の現実について決して忘れてはいけないのは、当時の武士は、浪人をすれば本当にどうしようもない貧乏人になったということである。今のように簡単に仕事が見つかるわけではなかった。そのため、浪人が殿様に仕えることができるならば、たとえ十石、二十石の石高でも有り難く賜った。それこそ殿様の草履をなめてもいいというほどだったのである。

そういう時代に、伊藤蘭嵎は紀州侯から五百石ほどを申し出られている。それでも結局、出仕は自分には向かないといって、せっかくの地位を捨てて辞めてしまったのである。蘭嵎の父の仁斎にいたっては、千石の申し出を断っている。

仕事が見つからないというときに、涎《よだれ》が出るような厚遇を平気で断わる学者がいた。これは、つい最近まで日本の学者の伝統でもあった。だからこそ、武士は学者というと一目も二目も置いていた。つまり、禄を失うことにビクビクしている自分たちと比べて、なんと肝の据わった人たちかと、尊敬する風潮があったのである。果して今はどうであろうか。

37

徳川吉宗

徳川八代将軍。在職三十年の間に、貨幣改鋳《かいちゅう》、学問の奨励、新田開発などを行う。その結果、風俗改まり、民は富み、「享保の治」と称された。（一六八四～一七五一）

◎天下を持つ身になんの愉快があろう

ある夏の夕べ、大奥にいた年を取った尼さんがまかり出たのを見て、吉宗は声を掛けた。

「おお、湯浴みしたと見えて、さっぱりとしていかにも快さそうだのお」

するとこの老尼は根が滑稽者らしく、

「はい、天下を取ったような心持ちでございます」

と答えた。それを聞いて吉宗はカラカラと大笑いしていった。

「冗談を申すな。天下を持つ身になんの愉快があろう。これを愉快に思って、我ままを働くと、その身を滅ぼし、天下を失うものぞ。さすれば、天下は預かり物と心得て、上は至尊に対し奉り、下は万民一切のことを日夜暫《しばら》くも忘れることなく、天道を尊び、神祇《じんぎ》を敬い、瑣々《ささ》たることにまで気を遣い、暫くの間も心を休める折はないのだ。いやもう途方もない苦しいことだよ。どうして湯浴みして暑さを忘れるような、さっぱりした気持ちになろうぞ」

吉宗は名君だといわれるが、この言葉が彼が名君と呼ばれたわけを見事に表している。政治家たるもの、常にこういう気持ちで政治に臨む必要がある。

先に出てきたが、伊藤博文が「不断にあらず、容易に断ぜざるなり」といい、山県有朋が「失敗したら、死んでも天にも地にも入るところがないのだ」といったような心持ちが、政治の中枢に就く人には求められるのである。大臣になったからといって権力を振り回すようでは困るのである。

第四章

心を練る

深く考え、迷わず動く

38 吉田松陰

幕末憂国の志士。名は寅次郎。禁を犯して海外渡航を企て、獄に下る。のち萩に松下村塾を開き、子弟を教育する。安政の大獄で刑死。（一八三〇〜五九）

◎凡そ人一日この世にあれば、一日の食を喰らい、一日の衣を着、一日の家に居る。なんぞ一日の学問、一日の事業を励まざらんや

安政元年三月二十八日、吉田松陰が牢番に呼びかけた。その前夜、松陰は金子重輔と共に伊豆下田に停泊していたアメリカの軍艦に乗り付け、海外密航を企てた。しかし、よく知られるように失敗して、牢に入れられたのである。

「一つお願いがある。それは他でもないが、実は昨日、行李《こうり》が流されてしまった。それで手元に読み物がない。恐れ入るが、何かお手元の書物を貸してもらえないだろうか」

牢番はびっくりした。

「あなた方は大それた密航を企み、こうして捕まっているのだ。何も檻の中で勉強しなくてもいいではないか。どっちみち重いおしおきになるのだから」

するとと松陰は、

「ごもっともです。それは覚悟しているけれども、自分がおしおきになるまではまだ時間が多少あるであろう。それまではやはり一日の仕事をしなければならない。人間というものは、一日この世に生きておれば、一日の食物を食らい、一日の衣を着、一日の家に住む。それであるから、一日の学問、一日の事業を励んで、天地万物への御恩を報じなければならない。この儀が納得できたら、是非本を貸してもらいたい」

この言葉に感心して、牢番は松陰に本を貸した。

すると松蔭は金子重輔と一緒にこれを読んでいたけれど、そのゆったりとした様子は、やがて処刑に赴くようには全然見えなかった。

松蔭は牢の中で重輔に向かってこういった。

「金子君、今日このときの読書こそ、本当の学問であるぞ」

牢に入って刑に処せられる前になっても、松蔭は自己修養、勉強を止めなかった。無駄といえば無駄なのだが、これは非常に重要なことだと思うのである。人間はどうせ死ぬものである。いくら成長しても、最後には死んでしまうことに変わりはない。この「どうせ死ぬのだ」というわかりきった結論を前にして、どう考えるのか。松陰は、どうせ死ぬにしても最後の一瞬まで最善を尽くそうとした。それが立派な生き方として称えられているのである。

この松陰のような考え方は西洋の偉人にも見られる。こういう話を読んだことがある。人間が死んだらどうなるか、あるいは、復活した場合にどういう形で復活するか。ある聖人がこの問いに対して、それは肉体的に最高に達したときの状態、精神的に最高に達したときの状態であるに違いない、と答えている。なんら確証があるわけではないから、信じるより仕方のないことなのだが、私はそう信じるべきではないかと思うのである。

「どっちみち老人になればヨレヨレになるのだから、体なんか鍛えてもしょうがない」

「どうせ死ぬ前は呆けたりするのだから、勉強してもしょうがない」

確かに、究極においては「しょうがない」ことだろう。そう考えるのは間違ってはいない。しかし、究極まで行くと、そもそも生きることに意味がなくなるのではないか。

そう考えると、意味がないから何もしないというほうがどこか間違っているわけで、むしろよく鍛え、よく精神を高めることに努め、死んだら、死後の復活、あるいは霊界において、最高の形になるに違いないという信念を抱いて生きるほうが、よりよい生き方ができるのではないかと思うのである。

吉田松陰が死んでからのことをどう考えていたかはわからない。だが、少なくとも生きている間は天地に恥じないように、何かに努めなければならないという心境だったのであろう。それは生きている間は、一日の食事を摂って、一日の着物を着て、一日の住み家にいるわけだから、そのことに対して恩返しをしなければならないという考え方から出てきた心持ちであったようだ。これは尊い生き方であると思う。

39 頼山陽

勤皇倒幕の導火線となった『日本外史』の著者。『日本外史』は二十三歳で起稿し、四十九歳で完成を見たという大作。(一七八〇年〜一八三二)

◎汝、草木と同じく朽ちんと欲するか

頼山陽は、十二歳のときに五経の一つである易経を読み終えたほどの、極めつきの天才である。易経を読み終えたとき、山陽はこう決心をした。

「私も学問をするからには、平凡な学者では終わりたくはない。昔の聖人賢人にしろ英雄豪傑にしろ、みんな私と同じ人間であったのだ。私も、もう十二歳だし、学問を始めてか

ら六年にもなる。発奮して努力勉強しなければ、平々凡々で終わってしまう。ぐずぐずしてはおれない。大いに勉強して一世を導くような人物となり、国恩に答え、父母の名を顕し、忠孝の道をなしとげなければならない。そうだ、私は今、初めて文章を作ろうとしているのだ。これを書こう。この自分の決心を書こう」

そうして書き上げたのが『立志論』である。

「男児学ばざれば則ち已《や》む。学ばば当《まさ》に群を超ゆべし。安《いず》くんぞ奮発して志を立て、以て国恩に答え、以て父母を顕《あらわ》さざるべけんや」

頼山陽は天才であったには違いないが、同時に非常な勉強家でもあった。彼は勉強するときに、次の文句を紙に書いて書籍の間にはさんでいた。

「汝、草木と同じく朽ちんと欲するか」

この「汝、草木と同じく朽ちんと欲するか」には、私も触発された思い出がある。隣町に住んでいた中学の一級上の知人が「汝、草木と同じく朽ちんと欲するか。どうだ、これはいい言葉じゃないか」といっていたのに刺激されて、私もこれを紙に書いて机の前に貼っていたのである。この言葉を初めて聞いたときに、私はぞっとした気持ちになった。このまま行ったら、田舎町で一生を終えるのかもしれない。こんな田舎で、周囲の大人たちと同じようなってしまうのか、と。

周囲の人たちはたいてい善良な人たちばかりではあったけれど、そうした人たちの生き方に自分の人生を重ねると、やはりぞっとする気持ちがあったのである。それは当時の中学生だったからかもしれないが、「汝、草木と同じく朽ちんと欲するか」という言葉は後々までも忘れられない言葉になった。

事実、頼山陽はこの気持ちが強かったために、当時としては許されないことであったが、脱藩を試みた。頼山陽の父親は儒者として広島藩に仕え、非常に重きをなしていた。また伯父も藩儒《はんじゅ》になっている。その跡を継げば、自分も藩儒として結構な身分をもらえるのである。ところが、どうしても気持ちが抑えきれない。自分にはやりたいことがある。彼は漢文も素晴らしくできるけれど、日本史を学びたかった。それで脱藩して、京都に向かったのであった。

そのときは見つかって連れ戻されて、頭の病気になったことにして取り繕い、閉居となった。その閉じ込められている間に、山陽は『日本外史』を起稿したのである。そして、結局再び京都に出て、塾を開いて門弟を教えながら『日本外史』や『日本政記』を書き、それが明治維新の一つの原動力となっていくのである。

頼山陽は常にこういっていたという。

「自分を才子（才能がある男）だというのは、自分を知る者ではない。自分を刻苦勉励ののちに一人前の男になったのだという者がいるならば、その人こそ真に私を知っている者である」

学問で身を立てる人でも、あるいはスポーツ選手でもそうだと思うが、いくら才能があってもそれだけではダメで、人並み外れた努力をすることによって才能が大きく開いていくものだ。スポーツ選手の場合は、優れた人であればあるほど「記録を残さないままに止めてしまうのか」と自分に問いかけながらトレーニングを積んでいるに違いない。それは「汝、草木と同じく朽ちんと欲するか」という気持ちである。

「雁《かり》は腐って蛆《うじ》となっても、なお北に向かう」というような言い方もあるが、志を立てるとは、ただこうしようと思うことではない。しようと思うと同時に、実行することが重要なのである。頼山陽がずば抜けた人になったのは、十二歳のころのこの決心があったからに他ならない。

「汝、草木と同じく朽ちんと欲するか」は志を励ます、良き言葉であると思う。

40 熊沢蕃山

江戸前期の陽明学者。中江藤樹に師事する。岡山藩主池田光政に重用される。晩年、時務を

論じ、幕府の咎《とが》を受け下総古河に禁錮《きんこ》中に病死。（一六一九〜九一）

◎うきことの猶この上につもれかし　限りある身の力ためさん

熊沢蕃山《ばんざん》は冬のさなか、寒い風に吹かれながら中江藤樹の家の軒下に座って入門を迫り、ようやく弟子にしてもらった。しかし、その翌年、父親が浪人してしまった。当時の浪人とは悲惨なもので、貧乏のどん底におちいった。

「せっかくいい先生が見つかったのに、また父上が浪人されたため、お前に苦労かけなければなりませんね」

母親がそういって慰めると、蕃山はこう答えた。

「いいえ、母上、私は藤樹先生から伺いましたが、机にかじりついて本の表紙をいじくりまわしていることが修行ではなくて、貧乏で悩むことも、困難におちいることも、災厄に出遭うことも、みな修行である。それによって心に工夫をしなければならないと教えていただきました。私は貧乏をなんとも思ってはおりません」

そして弟や妹を連れて山へ薪を採りに出かけた。

こうして五年間、最低の貧乏生活を耐えつつ藤樹について知行合一の実学を学んだ蕃山は、二十七歳のとき、備前国の池田光政に召し抱えられることになった。備前に赴くために家を出る際、蕃山はこういう歌を作った。

「うきことの猶この上につもれかし　限りある身の力ためさん」

事実、彼の一生は困難との戦いの連続であった。備前の殿様に仕えているときも、「熊沢という奴は、公儀の政治向きに対してあれこれ非難している、身の程をわきまえぬ奴である」

と非難する者があって、実際の能力を存分に振るうことができないまま下総の古河に禁錮されて世を終わった。だが、蕃山は不平らしいことは一言もいわず、この歌に表現したままの気構えで押し通したのであった。

熊沢蕃山が、自らの境遇に対して何一つ不平を唱えず、「本でする勉強だけが勉強じゃない」「苦労も勉強だ」といったのは、まさに陽明学の真髄である。それを顕然として実行したところは、知行合一そのものであった。

実は、この歌は山中鹿之助が作ったという説もあるのだが、この小冊子では蕃山の歌として紹介している。念のため付記しておく。

41

ディズレリー

イギリスの大政治家。ユダヤ人であったために種々の迫害を受けたが、まず文名を馳せ、のちに政界に入って保守党の首相となり、大英帝国の建設に励んだ。（一八〇四～八一）

◎今に諸君が私の演説を傾聴する時が来る

ディズレリーはユダヤ人の子である。祖父は地中海地方の出身で、どちらかといえば無神論者であり、ユダヤ教を信じなかった。どのみち信じていないのなら国教に入ろうと、イギリス国教会に入った。それでディズレリーも、ユダヤ人ではあるけれども、名目上はイギリス国教会に属していた。それはみんなが知っていたことである。

彼は苦労をして保守党から総理大臣になったが、その演説のうまさは自由党党首のグラッドストーンと並び、覇を競っていた。その名演説の一つには、無敵といわれたピール内閣を倒した演説もある。十九世紀後半、グラッドストーンの自由党とディズレリーの保守党は、二大政党の最も輝いた時代をつくった。

またディズレリーは小説家としてもすぐれ、彼が書いた最後の小説には、それまで英国出版史上なかったほど多額の契約金が支払われた。しかし、彼の最初の小説は多少評判になったものの、二冊目三冊目は全くの不評であった。それでも失望落胆せずに続々と書いて、ついに成功を収めたのであった。

ディズレリーは小説家としての成功に満足せず、今度は政治家を志す。二十八歳のときに初めて代議士に立候補したが落選し、それから五年間はうまく行かなかった。それでも彼は諦めず、わざわざ華美な服装をして世間の注目を惹くような工夫をしたりし、ようやく議会の席を占めるのに成功した。

だが彼が議会で試みた処女演説は全くの失敗で、満場の嘲笑を受け、立ち往生してしまった。しかし彼はひるむことなく、

「諸君、私は着席いたします。しかし、今に諸君が私の演説を傾聴する時が来ますぞ」

といって退壇した。

実際、この予言は後年に実現した。彼の演説は反対党までが鳴りを潜《ひそ》めて耳を傾けた。なぜ演説が上達したかというと、それは彼が最初の失敗で挫折せず、自分の弁舌の欠点を発見して、これを改める努力をし、つぶさに聴衆の心理を研究し、弁論術を練磨した結果である。そして暇があれば議会の議事録を読み続け、過去の結果を頭に入れて演説に臨む

ようにしていた。

こうして、初めは道化芝居の台詞より滑稽だといわれた彼の演説は、内容的にも表現の上でも、どんな人でも唸《うな》るようなものになった。

イギリス憲政史上の二大演説家の一人、ディズレリーでも、最初から上手に演説ができたわけではない。刻苦精励し、研究して、歴史に名を残す大演説家になったのである。この話は上達に近道はないという教えにもなっているといえるだろう。

42 ベッドフォード

給仕から身を起こし、ニュージャージー・スタンダード石油（現エクソンモービル）の社長になる。

◎命じられた仕事はなんでもしろ。生き生きと嬉しそうに、熱心にするのだ。それが済んだら、すぐ他に仕事がないかと見回すのだ

ニューヨークのブロードウェイのある事務所で、「何か自分にできる仕事はないかな」

といつも目を光らせている一人の給仕がいた。会計係が現金の勘定をしていると、この少年は駆けてきて、

「僕に手伝わせてください」

といった。また会計係から伝票を持って来いといわれると、大急ぎで持って来るだけではなくて、

「ついでに計算も手伝わせてください」

と、なんでも手伝いたがった。

あまりに熱心なので、会計係は暇なときに帳簿の付け方や、会計の原理などを教えてやった。そうして一年もするうちに、少年は、会計係の忙しいときには結構その代理もできるようになった。

その会計係が上の地位に栄転することになったとき、後任に推薦したのは、この給仕であった。そして、

「大丈夫です。ここの会計の仕事は、あの給仕のほうが僕より詳しいくらいですよ」

と保証した。

この給仕は、のちにニュージャージー・スタンダード石油会社の社長になったベッドフォードである。彼は晩年になって青年が成功する秘訣を次のように語った。

「命じられた仕事はなんでもしろ。生き生きと嬉しそうに、熱心にするのだ。それが済んだら、すぐ他に仕事がないかと見回すのだ。仕事を量るのに、何時間働いたかで量ってはならない。朝から晩までの同じ時間内に、どれだけの仕事ができるかで量らなければならない。会社のひける時間がきたとき、時間後まで働くよりも、時間前に仕事をしてしまうぐらいがいい。しかし仕事が残っているときは、時間が過ぎても、決して帰ってはいけない」

このベッドフォードの逸話を読んで、日本の喫茶店やレストランに入ると、気になることが多々ある。サービス係にアルバイトが多いせいか、お客のほうを見ていない人が多いのである。お客の皿を片づけて持って行くときに、他に自分を呼んでいる人はいないかと、注意して見る人がほとんどいない。それどころか、呼んでもなかなか耳に入らない人が多いようである。これでは、なかなか仕事で成功することは難しいだろうし、そういうアルバイトを雇っている店も繁盛しないのではないかと思うのである。

43 津田勝五郎

大阪の鉄商津田勝五郎商店の創業者。伊予松山の生まれ。川崎造船所の創業者である川崎正蔵のもとで修行ののち独立し、鉄商として一代をなした。

◎自分は二十六歳の小僧だから、十九や二十歳の小僧さんと同じであってはいけない

大阪に津田商店という、大阪で一流の鉄商があった。その創立者である津田勝五郎氏の話である。この人は二十五歳まで、田舎で卵を売ったり、木こりをしたりしていた。ところが二十六歳になって志を立てて上京し、川崎正蔵という人が経営する西洋船の道具を売る店に小僧として住み込んだ。

そのとき、この人は考えた。

「自分は二十六歳の小僧だから、十九や二十歳の小僧さんと同じであってはいけない」

そして昼間、人一倍精を出して働くだけではなく、夜中にみんなが寝静まってから起き出して、店内の商品を一々研究した。たとえば、このワイヤーは一体何本の針金からできているのだろうと、一々数えて、それを手帳に書いていった。

ある日、一人の外国人が買い物にきて、

「このワイヤーは何本の針金でできているのか」

と聞いた。主人も番頭も知らず、他の誰も知らなかった。ところが、二十六歳の小僧が
「三百五十本です」

と明白に答えた。みんな驚いて数えてみたら、確かにその通りだった。

その外人のお客が帰ってから、主人は勝五郎を呼んで尋ねた。

「お前はどうしてあんなことまで知っていたのか」

勝五郎は、夜分にみんなが寝たあとで起き出して、店内の品物を一つひとつ調べたことを話した。主人はいたく感心して、のちに神戸に川崎造船所を創立したときに、勝五郎を抜擢して、倉庫課長兼調度購買係に任命した。

そして倉庫課長として勤めているうちに、造船所に出入りする外国人に信用されて、共同で大阪に鉄の商店を興し、これがのちに大阪第一の鉄屋、津田商店になったのである。

人知れぬ努力は、いつも必ず報いられる日が来る、という話である。

44 フランクリン

アメリカの大科学者にして政治家。特にその電気に関する研究は世界を驚かした。独立戦争の中心人物でもあった。(一七〇六〜九〇)

◎これはわずかなお金で善いことをしようという、私の考えなのです

フランクリンがある人から「お金を貸してくれ」という手紙をもらったときの話である。十ドル紙幣を一枚封筒に入れてその人に送ったが、それとともにつけた手紙に、フランクリンはこう書いた。

「このお金はあげるのではなくて貸すのです。あなたはこれから郷里へ帰れば、必ず何か仕事を見つけられるでしょう。そうすれば、そのうちに今お貸しする十ドルを返すことができるようになるでしょう。

そうなったときには、このお金を私に返してくださったつもりで、他の困っている正直な人に貸してあげてください。その人がまた返せるようになったときは、またそれと同じ境遇に遭っている人に、その借金を払うという条件で貸してください。それで私に対する負債は済んだものとお考えください。

こうして、このお金が先から先へとたくさんの人に渡って行くことを、私は切に望んでいます。この良い計画が、考えの足らない怠け者のために中止されることのないように祈っています。これはわずかなお金で善いことをしようという、私の考えなのです。

私は立派な仕事のためにお金を皆さんにあげるほど金持ちではありません。ですから、このような方法で少しでもたくさんのお金を使いたいと思うのです」

お金がない人は大きな善行はできないかもしれない。しかし、工夫をすれば、小さな善いことはできるという話である。

小さなお金の使い方で、私が一番感銘しているのは、ヒルティである。ヒルティは決して貧乏ではないが、大学の先生であるから、それほど大金持ちではない。彼は慈善事業をやりたいと考えて、孤児一人分の教育費を出すことにした。その孤児が一人前になって仕事に就けるまで援助をすると、今度は別の孤児のためにお金を出した。このように、一回に助けているのは常に一人しかいないけれど、それを一生続けたのである。これも工夫のよい例である。

ロックフェラーやフォードのような大金持ちはそれに見合った巨大な慈善活動をしているが、小さな善いことを行うというのでもいいのである。

フランクリンは、のちにもっと金持ちになってペンシルバニア大学を設立するが、それほど偉くないころにも、そういう心掛けを持っていたのである。

45

コロンブス

イタリアの航海者。地球の球形なることを信じ、狂者と嘲《あざけ》られながら、ついにスペイン女王の援助を得て、アメリカ大陸を発見した。(一四五一~一五〇六)

◎創見は難く、模倣は易し

コロンブスが新大陸を発見してスペインに帰ると、朝野を挙げて熱狂して迎えた。ところが、あまりに評判が高いので、これに反感を持つ者もいた。

ある日、数人の貴族富豪がコロンブスを招いて盛大な宴会を開いたが、みんな尊大で、傲慢で、コロンブスの評判のいいのがしゃくにさわっていた連中ばかりだったから、酒が回るとだんだん無礼なことをいい始めた。

「君はアメリカを発見した。もちろん結構なことだが、いわば当たり前のことじゃないか。誰でも西へ西へと行けば、アメリカにぶつかるに決まっているのだ。ただ偶然に、君が最初にぶつかったというだけのことじゃないか」

といった具合に嫌味をいう。それがまた、この招待の目的だったのである。

コロンブスは黙って、この無礼を聞いていた。そして、静かに立ち上がって、ゆで卵を一つ持って、こういった。

「皆様、どなたでも、この卵を真っ直ぐに立ててくださいますか」

一人ひとり試みたが、卵のことだからころころところがってしまって、うまく立たない。最後にコロンブスが
「それでは私が立てて見せましょう」

といって、卵の端を少し割って平たくして、そこを下にして卵を立てた。それを見て人々は笑った。

「なんだ馬鹿馬鹿しい。それなら誰だってできるじゃないか」

すかさずコロンブスはいい返した。

「そうです。誰にでもできる容易なことです。しかし、この容易なことを、たった今、どなたもできなかったのです。他人のしたことを見れば、誰でも容易なことだと思いますが、誰もやらないときに真っ先にそれをやるということが貴いのです。真似ることは全く易しいんですがね」

この言葉にさすがに皆のものはシュンとしてしまった。

有名な「コロンブスの卵」の話である。「コロンブスの卵」は逆転の発想として知られるが、それが生まれる経緯は以上のようなことであった。できたものを真似するのは簡単なこと、あるいは、改良をして性能を向上させることは難しいことではない。一番大変なのは、最初にそれを行うことである。ゆえにオリジナルを完成させた人は貴いのであり、十分な尊敬を受けるに値する。「創見は難く、模倣は易し」とは、そういう意味である。

46 カザルス

世界的チェリスト。スペインの生まれ。近代チェロ奏法を確立した。指揮者、バッハ研究家としても知られる。(一八七六〜一九七三)

◎手紙を書く代わりに日記帳を送って知らせているのさ

カザルスは若いころ、いつも日記をつけていた。

「君は日記をつけるのが趣味らしいね。でも、いつまで続くかな」

友達が冷やかし半分にそういうのを聞き流して、カザルスは書き続けた。

彼は、故郷のスペインからパリへ音楽修行に出てきた無名のチェロ弾きであった。交響楽団の一員にはなっているけれど、給料が安いので、ホテルの音楽団を手伝ったり、ときには公園の広場でチェロを弾いてお金を稼ぐこともあった。郷里には自分が立派な音楽家になって帰るのを待っている父と母がいるんだ、といつも思って、自分を励ましながら勉強していた。そして、どんなに疲れていても、彼はその日の日記をつけた。他の連中は、どうしてそんなものをつけるのかと不思議に思っていた。

「君たちにはおかしく思われるかもしれないけれど、僕が日記をつけるのは、一つの必要があるからなんだよ」

あるとき、カザルスは友達に語った。

「実は、日記が十日分か十五日分まとまると、それを故郷の母のところへ送るんだよ。母は苦労性で僕がパリでどうしているか、いつも心配している。だから僕も、手紙を書く代わりに日記帳を送って知らせているのさ」

友達は「そうだったのか」と深く感心した――。

私も、上智へ入ったとき、カザルスと同じようなことをした経験がある。毎日三食の食事のおかずを書き出して、家に送っていたのである。また、家族を残してアメリカに一年行っていたときには、簡単な日記を書いて送ったこともある。

なぜそんなことをしたのか、私はよく覚えていないのだが、おそらくはカザルスのこの話を読んで知っていたからではないかと思う。

今は電話があるから、こんな面倒なことをする学生はいないだろう。だが、日記を送るようにすれば、あまり無茶な生活を送れないから、結果として自己管理ができるという効能もあるのではないか。つまり、この方法には、自分を励まし、また故郷にいる親を安心させるという二つの効能がある。なかなか効率的なやり方であると思う。試してみる価値はあるのではないか。

47 カーネギー

アメリカの実業家。スコットランド移民。木綿工場の糸巻きから始め、「鉄鋼王」と呼ばれるまでに出世。余生を慈善事業に捧げた。(一八三五～一九一九)

◎このウサギに毎日毎日食べるものをやってくれたら、一匹一匹に君たちの名前をつけてあげよう

カーネギーは鋼鉄の王と呼ばれたが、彼は鋼鉄のつくり方はそれほどよく知らなかった。その代わりに、従業員のことについては実によく知っていた。彼には従業員を操縦する独特のコツというものがあった。それが彼の大きな力となり、成功に導いたのである。

そのコツとはどういうものか。

カーネギーは子供のころから指導者の天分を発揮していた。まだスコットランドにいた十歳のころ、彼は一匹の雌ウサギを飼っていた。間もなくそのウサギがたくさんの子供を生んだ。急に数が増えたので、育てるのが大変になった。

そこでカーネギーは、近所のわんぱく小僧たちを集めて、こう話した。

「もし君たちが、このウサギに毎日毎日クローバーやタンポポの葉を持ってきて食べさせてくれたら、このウサギの一匹一匹に君たちの名前をつけてあげよう」

そういうと子供たちはみんな喜んで、自分の名前のついたウサギを可愛がって、競うようにして育てた。それでカーネギーは、あまり努力をしないでたくさんのウサギを飼うことができたのである。

カーネギーは人心掌握《しょうあく》の法に長けていた。このウサギの飼い方の工夫は、カーネギーが他の鉄鋼会社を合併したりするときにも使われた。合併した会社にどんな名前をつけようかというとき、カーネギーは必ず相手の会社の名前をつけた。それによって、合併されるという抵抗感を和らげたのである。

どのようにすれば相手が気持ちよく働けるか。それを考えることによって、自らの事業の発展につなげていったのである。

48 ダンロップ

イギリスの発明家、工業家。獣医をしていた一八八八年に自転車用に空気入りチューブタイヤを発明。その後、ダンロップ社を創業。(一八四〇〜一九二一)

◎アイディアをよく見つめ、よく考える

アメリカの田舎の話である。朝、子供が学校へ行くために自転車に乗ろうとしていた。

当時の自転車はただの鉄の輪で、乗り心地が悪く、ガタガタと音がするような代物だった。

あるとき、その自転車に乗ろうとする子供を呼び止めて、父親がいった。

「ちょっと待て。いい考えがある」

子供は何を考えたのかと思って父親を見守っていた。すると父親はゴムホースを持って

きて、自転車の車輪の回りに巻きつけて、針金で外れないように止めた。

「さあ、乗ってみろ。これなら音はしないぞ。乗り心地がいいぞ」

子供は喜んで、それに乗って行った。それを見送っていた父親は考えた。

「これは面白い商品になるぞ」

この父親が、後年、ダンロップ・タイヤという世界的な自動車タイヤ会社を経営することになるジョン・ボイド・ダンロップであった。

ちょっとしたアイディアをよく見つめ、よく考えてみる。そこに大きな成功が待ち構えているのである。

ダンロップといえば、戦前、私の家で使っていたリヤカーのタイヤはダンロップ製であった。日本のタイヤ会社のものもあったが、ダンロップ・タイヤは比べ物にならないほど優れていた。それを知っていた母は、戦争が始まったとき、「あのタイヤをつくる国と戦争してもいいのかね」と何気なくいっていた。それぐらい抜群のタイヤをつくっていたのである。

しかし、そのタイヤが生まれるきっかけは、自分の息子の自転車の乗り心地をどうにか快適にしたい、という親心から生まれたのである。ダンロップはそのころ、タイヤ製造とはまったく無縁の獣医をしていたのだから、成功のヒントはどこに転がっているかわからない。ちょっとした小さな思い付きでも、よく見て、じっくり考えると、そこに大きな成功の種が隠されているかもしれないのである。

49 安田善次郎

安田財閥の創始者。富山市出身。二十六歳のときにつくった両替店「安田屋」を発展させ、金融業を中心に事業を成長させ安田財閥をつくる。(一八三八〜一九二一)

◎土地を買う前に神社仏閣を見よ

一代にして巨万の富を築いた安田善次郎は、さすがに普通の人とは眼のつけどころが違っていた。あるとき、水田を買ってもらいたいと申し込んできた者があった。かなりの高値だったが、小作米の収入を米価の安値で見積もり、すべての税金を控除してみて、なお利回りが非常にいいので、安田善次郎は自ら実地調査に出かけていった。

ところが安田翁は、その土地につくと、買おうとする水田には行かないで、まず村の氏神様を参拝に行き、それから寺まで案内を乞うた。売り手の村人は不思議に思った。

「安田さんというのは妙な人だ。水田も見ないで神社やお寺さんに参拝に行く。取引はあとで大まかにするつもりなのだろう」

そう言い合っていたが、実際の商談は用意周到で、銀行家としてきっちりと行った。

安田翁の着眼点はどういうことだったのか。彼は神社仏閣とその村の水田の値段の相関関係に気づいていたのである。

つまり、神社仏閣が荒れていれば、そんな宗教心のない地方は人気が悪く、小作米も取れるかどうか危ない。神社仏閣が小さくても、きれいに手入れをしてあれば、それは人気のよい場所である。さらに小作人の屋敷を覗いてみて、家の中がちゃんと片づいていて、屋敷の少しの空き地に何か役に立つものが植えてあるようなら、土地を粗末にしない勤勉な小作人がいると判断できる。そこまで検討して初めて、買おうとする水田に行って、地質や灌漑《かんがい》や排水などの具合を見て、これなら大丈夫と見極めをつけてから買うのである。

安田善次郎の銀行家としての投資ぶりは、すべてこのようであったから、間違いがなく、それで巨富をつくるにいたったのである。

バブルのころの日本の銀行家で、自分の貸した資金で買われた土地を見に行った頭取が果たしていただろうか。

50 岩崎弥太郎

明治時代の実業家。土佐（高知県）の生まれ。郵便汽船三菱会社の社長となり、大三菱の基礎をつくった。（一八三四～八五）

◎油皿の掃除の仕方

岩崎弥太郎が少年時代の話である。彼は寺子屋で漢籍の教育を受けていたが、その先生は謹厳な人で、素読のときも神棚に灯明を上げることを忘れなかった。そして、一週間ごとに教室の掃除をするのと、神棚の油皿を全部きれいにするのが、生徒に課せられた仕事だった。

ところが、油皿は二、三十もあって、その油を落とすのは大変な仕事だった。だから、みんな嫌がって、その仕事の押しつけっこをしていた。しかも、先生が一番怒るのはこの油皿の掃除で、きれいになっていないと、やり直しをさせられることもよくあった。

岩崎弥太郎は当番になると、この油皿掃除を喜んで引き受けて、みんなが知らない間に掃除してしまう。それで先生にも怒られたことがなかったから、弥太郎の油皿掃除は生徒の間で有名になった。

「どのように油皿の掃除をしているんだ？」

とみんなが聞くと、弥太郎は笑いながら、

「みんなはどうやっているんだ？」

と聞き返した。

他のみんなは、もちろん、皿を一枚一枚、油を拭き取っていたから、二、三十枚の掃除をするのに半日もかかった。ところが弥太郎のやり方は違った。まず人のいない裏庭に藁《わら》を集めて、これを燃やす用意をして、油皿を全部その上に並べてから火をつけるのである。そうやって油を焼いてしまって、火が消えて皿が冷めたころに、そこにできている藁灰で拭き取ってしまう。この方法で、普通の人が半日かかる仕事を一時間もかからないで済ませてしまうのであった。

「岩崎の奴、なかなかずるいな」

とみんなは笑ったが、先生はこれを聞いていった。

「弥太郎は見所のあるやつだ」

岩崎弥太郎は少年時代から工夫に長けた人だったという話である。

第五章

教育の急所

眠れる才能を引き出す

51
ダーウィン

イギリスの自然科学者。六年にわたる大航海、大旅行により世界各地の動植物を研究。『種の起源』によって進化論を唱えた。（一八〇九〜八二）

◎二年半、すでに手遅れになっている

ダーウィンが『種の起源』を著したのは五十歳のときで、それは進化論の研究を始めてから二十二年目のことであった。その後、名声が高くなるにつれて、彼を訪ねてくる人が次第に多くなってきた。その中に一人の若くて美しい婦人がいた。彼女はその両手に可愛らしい子供を抱いていた。

「立派なお坊ちゃんですね。おいくつになったのですか？」

ダーウィンが聞くと、婦人は答えた。

「ちょうど二歳半でございます」

「ほう、それは楽しみですね」

と愛想をいうと、婦人は嬉しそうにいった、

「是非立派な人物に育てあげたいと思っていますの。それについてご相談にあがったんですが……」

「なんですか?」

「この子の教育は、いつごろから始めたらいいでしょうか?」

するとダーウィンは微笑をたたえながらこう答えた。

「奥さん、惜しいことに、あなたはもう二年半、手遅れになってしまいました」

ダーウィンはここで、子供は母親のお腹の中にいるときから教育すべきだ、ということを教えている。今ではもう常識として語られているが、人の脳の相当重要な部分は、非常に早い時期にできてしまうといわれる。小さいときから施設へ預けた子供の中には、その施設にもよるが、知能の発達が遅れてしまう子がいたりする。それは小さいときに母親との交流が足りなかったからだという意見もある。

ダーウィンもそのことに気づいていたのだろう。だから、子供の教育は胎教のときから始めなくてはならないという話をしたのである。

「いつから教育を始めようか」などというのはとんでもなく暢気《のんき》な話で、ある宗教家にいわせると、それこそ男女の交わりのときに、すでに「いい子供が生まれるように」と思わ

なくてはいけないという。これは極論ではあるが、教育を始めるのは早ければ早いほうがいいということになるのだろう。

52 クラーク

アメリカの教育者。アマースト大学学長在職中に日本政府に招かれて札幌農学校教頭となり、熱烈なキリスト教精神に基づく教育を施した。(一八二六~八六)

◎諸君は紳士である!

札幌農学校に到着したクラーク博士は、校長であった調所廣丈《ずしよひろたけ》から校則の内容を聞かされると、たちまち大声で怒鳴った。

「こんなもので人物の教育ができますか!」

第一条これこれ、第二条これこれ……と、学生を束縛するような型通りの校則は、新しい日本人を教育するために一年間の約束で赴任したクラーク博士にとって、無用の長物どころか有害無益のものに見えた。だからクラーク博士はこういったのである。

「日本には吉田松陰先生のような立派な教育家がいたではないか。先生は、十四、五歳の少年に対しても、決してこれを子供扱いせず、その出入りに際しても丁寧な礼を交わしたというではないか。その精神が大切です」

「じゃあ、どういうふうに校則を変えましょうか」

と校長が聞くと、

「諸君は紳士である！　その一言で十分でしょう」

と答えたのである。

これは有名なクラーク博士の話である。この「諸君は紳士である！」という信念のもと、札幌農学校からは、新渡戸稲造や内村鑑三のような有為の人材が生まれることになったのである。

クラーク博士は、学生を子供扱いすべきではないと意見するために、吉田松陰の話を持ち出している。クラーク博士はなぜ吉田松陰を知っていたのか。実は、『宝島』を書いた小説家スチーブンソンが吉田松陰について書いた伝記を読んでいたからである。スチーブンソンの親類の技師が島根県の松江あたりに灯台を建てるために維新直後にやってきた。そこで吉田松陰の話を聞き、帰国後にスチーブンソンに話したところ、彼が伝記にしたのである。それから吉田松陰の名は、世界的に知られるところとなったのである。

53

大の里

大正から昭和初期の関取。青森県出身。小兵ながら相撲の神様と呼ばれるほどの多彩な技で、大関の地位を二十四場所（一年二場所の時代に）守る。（一八九二～一九三八）

◎とにかく朝早く稽古場に出ろ。人に負けない時間に出ろ。出さえすれば、あとはどうにかなる

大の里という大相撲の大関がいた。身長わずか五尺四寸の小柄な体で、新弟子のころは「鼠《ねずみ》」と呼ばれて兄弟子にこき使われていた。苦労の末に大関にまでなっただけに、後輩の指導には熱心で、また、その指導の仕方も的を射たものであった。

のちに大関になった鏡岩が大の里についてこう話した。

鏡岩は大の里と同郷の後輩である。鏡岩は二段目まできて出世が止まり、やる気を失って、真面目に相手をしてくれる人が誰もいなくなった。

そのとき、大の里が声をかけてくれた。

「おい鏡岩、お前、稽古がいやならしないでもいいからな。ただ、朝早く起きて稽古場に出てみろ。俺にだまされたと思って、人よりも早く出てみろ。そうしたらお前はきっと出世できるよ。うん、俺が請合うよ」

先輩から勧められたので断りかねて、鏡岩はだまされたと思って早く稽古場に下りた。稽古をする気はまるでなかったが、人の稽古を見ているうちに、だんだん身が入ってきた。二日、三日と人より幾分早く稽古場に出ると、自分も一番やろうという気が湧いてきた。ついに一番とってみると面白い。それでまたやる。というように、だんだん稽古をやっているうちに、停滞から脱出することができた。

また、関脇の綾川という力士も、長いこと二段目で出世が止まって、足踏みをしていた。面白くないから稽古にも身が入らず、気持ちにもひがみが出てきた。そのときにも大の里は同じことをいった。

「とにかく朝早く稽古場に出ろ。人に負けない時間に出ろ。出さえすれば、あとはどうにかなる」

妙なもので、人より早く稽古場に出ると、多少なりとも優越感を感じて、稽古に励む気になってくる。ちゃんこ飯もうまくなって体が大きくなり、いつの間にか成績が上がって関脇にまでなった。

大の里は常々こう話していた。

「これは相撲だけの話ではない。どんな職業でも身を入れてやることができたら大したものだ。そうするのはわけはない。勤め人なら人より五分早く出勤してみればいい。それで、〝おお、お早う、お前はいつも早いなあ〟と友達にいわれたら、それできっと仕事に身が入る。それに引きかえ、〝ああ、俺は駄目だなあ。誰も相手にしてくれねえ〟などと、自分から人に遅れていちゃあ、自分で穴を掘って自分を落とすようなもんじゃないか」

とにかく、人より早く仕事場に行く。それだけを続けているうちに、すべてが変わると大の里は教えている。周りの見る目が変わり、本人自身もやる気になってくる。そうなればしめたもので、あとは放っておいても勝手に変わっていくのだという。これほど簡単な能力開花の教育法はないのではないか。

54 ペスタロッチ

スイスの教育家。親友の死に会って政治家となることを諦め、絶えず子供とともに生活し、一生を愛の教育に注ぐ。(一七四六〜一八二七)

◎孤児を食に飽かせることは難しい。彼らの胃は空虚であるから。けれど彼らの霊を満たしむることはできる。人性は善であるが故に

スイスの大教育家ペスタロッチは、いつもこういっていた。

「自分は孤児を養うために、自ら乞食のように生きなければならなかった」

スタンツの戦争のために孤児になった少年少女の救済に、独力で奮闘していたときのこと。資力もなく後援もない赤貧洗うような彼は、ただ町の人々に寄付を求めるより仕方がなく、朝に夕に町を歩いて、人々の慈善心に訴えていた。

しかし、同情してくれる者は少ない。一方、孤児の数は日に日に多くなっていく。寄付のお金の代わりに貧しい孤児を連れて帰る日のほうが多かった。しかも孤児たちはおそろしいほどガツガツと食べる。その様子は、胃袋の中に飢えた狼が住んでいるようだった。

「ああ、一日でも彼等に腹一杯食べさせてあげられたら」

とペスタロッチは歎いた。

しかし、孤児の心はひがみ、ねじけていた。神のような彼の愛情も、なかなか彼等の心には触れなかった。ペスタロッチはそれを悲しく思ったけれども、自分の愛がまだ足りな

いから、彼等の心を潤《うるお》すことができないのだと考えた。そして彼は、孤児たちの胃が飢えるよりも、その心が飢えることを恐れ、力の限り愛と誠を注いだ。

ある日、孤児たちが隣の街から乞食の少年を何人も連れてきたのを見て、彼は驚いた。どうしたのかと聞いたら、こんな答えが返ってきた。

「先生、この子たちも孤児です。可哀想だから連れてきました。僕たちのパンを半分にして、この子たちに食べさせてください」

その可憐な言葉にペスタロッチの目からは熱い涙がとめどなく流れた。

「孤児のお腹を一杯にさせることは難しい。彼等の胃袋は空虚であるから。しかし彼等の霊を満たしてあげることはできる。人の性は善であるが故に」

彼はそういって、小さく賤《いや》しい子供たちの心の奥に愛の気持ちが芽生えたことを神に感謝するのであった。

食べることに賤しく、性格もねじ曲がってどうしようもないと思っていた孤児たちが、もっと貧しい子たちを連れてきて、自分たちのパンを分けてあげてくれといった。それを見てペスタロッチは、人の性の善なることを確信したのである。

ペスタロッチは誠心誠意、教育者であったということである。普通の先生に、ペスタロッチのようになれといっても、なれるわけはない。だが、「大教育者といわれる人は、こういう人だったのだ」「子供というものは、そういう人に触れれば変わるものなのだ」と知ることによって、すぐにペスタロッチの真似はできないにしても、教育の参考にすることはできるのではないかと思う。

55 タッカー

イギリスの宣教師。救世軍の士官として当時のイギリス植民地インドでキリスト教の布教活動を行った。

◎おお、この足の裏を見るがいい

タッカーは、イギリス政府の司法官の地位と二千ポンドという高額の年俸を捨てて宣教師となった。そして、救世軍の一士官として、当時イギリスの植民地であったインドのボンベイに入り、キリスト教の布教活動をしていた。ボンベイの町は極貧の人たちがゴロゴロしている場所だった。そこにキリスト教を布教して、救いを与えようと考えたのである。

しかし、彼の必死の努力にもかかわらず、信者は一人もできなかった。

「こんなに自分は熱心に伝道しているのに、どうして信者ができないのだろうか。自分の信仰と努力が、まだ神様の御心に達しないのだろうか」

タッカーはそう考えた。そして、こうも考えた。

「自分はイギリス人として知らず知らずのうちにインド人に対して優越感を持って、彼等を一段低い人種として見下していたのではなかろうか。それがいけないのだ」

彼は一大決心をした。今までの服をインド服に代えて、インド式のあばら家に住み、またインド人の僧侶のように焼けつく大地を裸足のままで歩き、そしてインド人からカレー入りの残飯の施しを受ければ、それを彼らと同じように手づかみで美味そうに食ったのである。すると、上流階級に育ったタッカーの華奢《きやしや》な足は、たちまち皮が破れ、肉の裂け目に砂が入り込んだ。

ある日、タッカーが疲れて路傍の木陰に倒れてうつらうつら寝ていると、そこに三人の身分の高いインド人が通りかかった。インド服を着た白人を見た彼らは、一目でこれが最近評判のタッカーであることがわかった。三人の眼は、痛々しく傷ついた足の裏に注がれた。

「おお、この足の裏を見るがいい。これほどまでにしてインド人を導こうとするこの人の宗教は、確かに真実の宗教に違いない。この人を我々の町に伴って帰って、教えを受けようではないか」

三人の間で、話がまとまった。彼らはタッカーが目を覚ますのを待って、その足許にひざまずき、自分たちの町に連れて行って、教えを受けた。これがきっかけとなって、三年後には信者の数が七百人にまで増え、キリスト教のインド布教の第一歩が築かれたのである。

宣教師の信念とは、これほど固いものなのだと教える話である。そもそもインドを植民地にしなければ、タッカーの苦しみもなかったのではないかという考え方もあるが、宣教師の中には、心の底から貧困に苦しむ人たちを救いたい、その人たちの役に立ちたいと考えた人たちがたくさんいたことは忘れてはいけないと思う。マザー・テレサにしても、その一人であろう。

そういう宗教は余計なお世話だという意見もあるが、同時に、貧民を放っておく宗教に比べれば、よりよい宗教なのではないかという考え方もあるのである。

タッカーには、彼の目に映る悲惨なインド人の生活をなんとかしたいという気持ちがあった。そのために、自らすすんで貧困の中に身を投じることができたのである。宗教家というものは、本来、こういうものなのだと思う。

56

エジソン

アメリカの大発明家。新聞の売り子から発明家になり、電灯、電話、電車、映写機、蓄電池ほか特許は二千以上に上り、発明王といわれた。(一八四七〜一九三一)

◎私の今日あるのは、全く母の賜物である

エジソンは少年時代、頭から叱りつけられると、鞭《むち》で叩いても頑として言うことを聞かない子供だった。当時のアメリカの小学校教育はすこぶる幼稚で、ただ鞭で叩いて教え込むような詰め込み主義だったから、エジソンには全く合わなかった。

八歳で学校に入学したエジソンは、いつも石盤に絵を描いたり、よそ見ばかりして、ときには突拍子もない質問をして先生を困らせた。先生に質問されると、今度はいくら鞭で脅かされても返事をしない。同級生はエジソンを低能児と呼び、成績はいつもビリだった。

入学後三か月ぐらい経ったある日、先生は生徒一同の前で「エジソンは馬鹿だ」といった。エジソンは家に帰ると母親に向かって、

「先生が僕のことを馬鹿だといったので、もう学校には行きません」

と宣言した。

母親はかつて小学校の先生をしていたことがあり、正しい教育の方法を知っていた。だから、先生のエジソンの扱い方に怒って、エジソンを学校へ連れて行って先生に抗議した。

「あなたの教育法は間違っています。失礼ながら、この子はあなたよりずっと頭脳があります。今後、この子は家で私が教育して、立派な人間にしてみせます」

そしてエジソンを退学させてしまった。

それから母親は、エジソンが興味を持ち、その性格に合ったものを選んで勉強させ、その能力を十分に発揮させるよう、暖かい愛情で指導した。そのかいあってエジソンは、十二年間の間に、近所のどの子供も遠く及ばないほどの優等生になった。博識、勤勉、努力、忍耐、誠実等、エジソンを発明王にした基礎は、このときに築かれたのである。

大成してから、エジソンはいつもこういっていた。

「私の今日あるのは、全く母の賜物である」

彼はまた、母親の教育について、こういっている。

「小学校の先生が私を馬鹿だといったとき、最も強く弁護してくれたのは母親であった。母は私を心から信じていたのだ。そのとき私は、母親の期待する人物になり、母の確信に背かぬことを事実の上で示そうと堅く決心した」

子供が先生に合わないという悩みは、多くの親が感じていることに違いない。しかし、現在の学校制度では、子供に先生を合わせることは不可能であるといっていい。その結果、伸びるはずの多くの才能が潰されたり、埋もれたりしているはずである。これは、子供や親だけでなく、国全体にとっての大きな損失であるといえるのではないか。

私は、小さな無数の塾があってもいいという立場をとる。今の学校制度に満足できる子供はそれで結構だが、合わない子供もたくさんいる。そういう子供が能力を伸ばそうとすれば、合う先生に付くより仕方がない。黒柳徹子さんが『窓際のトットちゃん』で描いたように、彼女は普通の学校制度には合わなかった。そんな彼女を引き受けてくれた小さな塾がトモエ学園だったわけである。トモエ学園は払い下げの電車を使った学校だったけれど、そういう学校がたくさんあっていいと思うのである。

こういう学校が自由につくれなくなったのは、昭和十五年以後の日本の小学校教育の悲劇である。昭和十五年に、日本の文部省はヒットラーの教育法を参考にして国民学校をつくった。ドイツの小学校は「フォークスシューレ」というが、これを直訳したのが「国民学校」なのである。そのため私も、小学校五年までは「小学校」で、六年になったら「国民学校」の生徒になった。しかし、国民学校では、トットちゃんのような教育は決してできない。

国民学校をつくるにあたって、文部省は当初、私立の小学校はすべて潰してしまおうという方針を持っていた。しかし私立の学校が団結して、学校の存続を文部省に申し入れた。そこで文部省は、「あるものはしょうがない」という態度をとって一応はこの申し入れを認めたが、空襲で焼けた学校の再建は許さなかった。

戦争が終わってみると、私立の小・中学校を求める声は非常に多かったのに、新しい私立学校はなかなかできなかった。例外的にできたのは、大学付属の高校、中学、小学校ぐらいのものである。こうした流れは今もって続いている。

私はかつて調べたことがあるのだが、小学校をつくるための設置基準は特に定められているわけではない。だから、本来なら、どんな小さな塾でもつくれるはずである。ところが東京都などは、都の条例で、小学校も高等学校に準じるという設置基準を設けている。そうなると、運動場をつくらなければならないとかいろいろ大変なことになって、事実上、小さな学校はつくれないことになってしまうのである。

エジソンの場合は、たまたま母親に教師の経験があり、エジソンにぴったり合った教育を家庭で施したから能力が花ひらいたが、すべての子がこうした環境に恵まれているわけではない。だから、子供にぴったりと合った先生がいるような小さな塾を、たとえ生徒が

二、三人でもいいからたくさんつくって、一人ひとりに適した教育ができるようにすればいいのである。それは不登校問題の解消のみならず、日本に活力を与える道にもなると思う。今の義務教育制度は、ある意味で戦前よりも遥かに全体主義的で、不自由になっている。それに大半の国民が気づいていないのは、日本の不幸というしかない。

57 大塚琢造《たくぞう》

明治時代の博覧会審査官。佐賀県出身。フランス留学後、明治十年のパリ万国博覧会に出張。その後、各国の博覧会で審査官を務めた。(一八五〇〜一九一四)

◎値段の大小よりも、不注意そのものに焦点を置いて言い聞かせるべきでしょう

銀座にある資生堂パーラーは、かつて「資生堂ソーダ・ファウンテン」という名だった。その場所には以前、「三組屋」という高級料理店があった。主人は大塚琢造という人である。この人は、肥前佐賀藩の致遠館でフルベッキから英語を学び、西園寺公爵よりも少し早くフランスへ留学した秀才であり、三井物産の前身の起立工商という会社のパリ支店長を務めた人物であった。

この店には、フランスから直輸入した上等なぶどう酒や、チェコから輸入した素晴らしいカットグラスのワイン・セットなどがあった。何しろそのセットは一組百円以上の品で、今でいえば大学出の給料の一か月分以上の値段がした。一個でも欠ければ売り物にならないので、店員たちはその扱いに細心の注意を払っていた。

しかし、棚卸《たなおろ》しをしているときに、小僧の一人がその中の一つを取り落として、粉微塵《こなみじん》に壊してしまった。大番頭は思わず声を荒げて、

「馬鹿！　こんな高価なものを壊してしまってどうする気だ！　揃っているものが一つでも欠けたら、何百円もするものが一文の価値もなくなるではないか！」

と罵《ののし》った。

ちょうどそのとき店に入ってきた大塚氏は、黙ってその傍を通り抜けて、二階の事務所に行ってしまった。そして、しばらくして二階から屋内電話で番頭を呼んだ。番頭は高価な商品を壊してしまったことを怒られるのだろうと覚悟して、おそるおそる二階へ行くと、大塚氏は静かな口ぶりでいった。

「カットグラスを壊してしまったようですね」

「はい、とんだことをいたしまして申し訳ありません。気をつけてやってくれとやかましく申し付けておったのですが、不注意で棚から落としたのです。みっちりと小言をいってやりましたが、どうにもお詫びのいたしようもありません」

番頭はまだ怒りが収まらない様子だった。

すると大塚氏は番頭にこういった、

「番頭さん、あなたが店のためを思って小僧を叱ってくださったのは有り難いことです。しかし、あなたのさっきの怒り方を聞いていると、どうも不注意をたしなめているのではなく、高価な品を破損したという点を厳しく怒っているように聞こえました。ああいう場合、値段の大小よりも、不注意そのものに焦点を置いて言い聞かせるべきではないでしょうか。それが人を使う者の心得るべきことだと気がつきましたので、ちょっとお話ししたのです」

大塚氏はただそれだけを番頭に告げた。

大切なのは壊した商品の価値の大小ではない。叱るのなら不注意であることそのこと自体を注意せよ。それが人を使う場合の心得だ、と大塚氏はいうのである。さすがに銀座に店を構えるぐらいの大店主だけあって、物の筋道がよくわかった立派な言葉である。

58 大石良雄

播州赤穂藩の城代家老。元禄十四年に主家が断絶したあと、血気に逸《はや》る藩士たちを慎重に指導し、仇敵吉良上野介を討つ。同十六年に切腹。(一六五九〜一七〇三)

◎勝利の全き所を専らに相働くべき事

大石良雄たち四十七士が吉良上野介の屋敷に討ち入る直前に作られた「起請文前書《きしょうもんまえがき》」というものがある。四か条からなる誓いの言葉であるが、その中に特に重要な二か条がある。

一つは、上野介の屋敷に攻め入るにあたっては、功に深浅の違いはないということ。上野介の首を取った者も、門のところで番をした者も手柄は全く同じである。だから「自分の役目に文句をいうことは致しません」ということを誓わせた。

二つは、お互いに仲の悪い者もいるだろうけれども、この度だけはお互いに助け合い、「勝利の全《まった》き所を専《もっぱ》らに相働くべき事」を誓わせた。これはつまり、我々の目的を完全に果たせるように働け、という意味である。

これは私が一番好きな言葉なのだが、素晴らしい言葉であると思う。「勝利の全き所を専らに相働くべき事」の重要性を、我々はこの前の戦争で嫌になるほど教えられた。

先の大戦に敗北した一番の理由は、そもそも戦争が始まる前から意志の統一がほとんどはかられていなかったところにある。陸軍の考え、海軍の考え、外務省の考え、そして首相の考えがばらばらであった。首相が左翼に動かされているとか、戦争が始まれば陸軍と海軍の調和がなかなかとれないとか、非常にギクシャクしていた。東条英機首相はリーダーシップを発揮したいと思っても、現役の陸軍大将でもあったから、海軍には何も口出しできなかった。今から分析すると、勝利の全き所を専らに相働いていないのである。つまり、負けるべくして負けたというわけである。

これは我々が常に考えておくべきことである。会社でもなんでも、「勝利の全き所を専らに相働くべき事」なくしてうまくいくことは、一つもないといっていいのである。

59 峨山《がざん》禅師

曹洞宗の僧侶。若くして比叡山に上り、天台教学を学ぶ。その後、蛍山《けいざん》禅師の下で禅門に入り、総持寺二世となって多くの俊僧を育てた。（一二七五〜一三六五）

◎世間の人が忙しいという、その半分は無駄に忙しい思いをしているものだ

峨山《がざん》禅師が十八歳のとき、美濃の正眼寺という寺に修行に行った。間もなく炊事係を命じられて、大勢の雲水の賄《まかな》いを一人で受け持つことになった。朝は人より一時間先に起きて夜遅くまで働きづめで、ちょっとの暇もない。これでは禅の修行にきたのか炊事の仕事にきたのかわからないと、内心不平を起こしているところに、先輩の雲水がきて、

「どうだ、忙しいか」

と聞くので、怒ったような声で答えた。

「忙しくてやりきれません」

すると先輩はニッコリ笑って、

「ああ、大分無駄をしてござる」

といって立ち去った。

この一語が峨山の肝に堪《こた》えた。

その翌日から、自分の仕事に気をつけてみると、なるほど無駄がある。「これはいかん」

と悟って、水を汲むにも、湯をわかすにも、麦粥《むぎがゆ》を炊くのも、努めて無駄を省くように心掛けてみると、その日はやや早目に仕事が片づき、一同と共に本堂でちょっと坐禅をする余裕ができた。

次の日も同様に心掛けてやってみたところ、前日の倍ほどの余裕ができた。そうして日を重ねるうちに、ついには炊事係を完全に果たした上に、一日の約半分はみんなと共に修行できるようになった。

晩年になって峨山禅師はこういって人を諭《さと》した。

「世間の人が、やれ忙しい忙しいというのは、たいてい半分は無駄に忙しい思いをしているものじゃ。なんでも、無駄をせぬように心掛けるがよい」

工夫をすれば、時間はいくらでもつくれるという教えである。「忙しい」といっていても、その中身を細かく見ていけば、無駄な時間が多く含まれていることを峨山禅師は自らの体験を踏まえて説いている。そして、無駄を省くような心掛けが時間を生み出す秘訣になると教えている。

工夫といえば、日常の工夫を非常に重視した人に幸田露伴がいる。あるとき、露伴の家に甥が預けられたことがあった。「学校にでも入れてくれ」ということだったらしい。そこで露伴は、その甥を書生として家に置いて、しばらく庭の掃除などの雑用をさせていた。

ところが、何日経っても、何か月経っても、簡単な庭掃除すらうまくできない。結局、これは物にならないと判断して、露伴はこの甥を実家に送り返してしまった。露伴は甥に工夫する心掛けがないことを見て、これでは何をやってもダメだと判断を下したのである。

日常の仕事をいかに手早く確実にこなすか、頭を使って工夫をすれば、時間はいくらでも短縮することができる。これはあらゆる仕事の上達の心得といってもいいだろう。

60 治郎右衛門

◎よく話を聞いて、帰ってきたら私に聞かせてもらいたい

昔、能登の国に治郎右衛門という、大きな農家を営む人がいた。

治郎右衛門は情け深い人で、雇い人たちに対しても常に労《いた》わりの気持ちを忘れなかった。

当時としては珍しい優しい人であり、

「お前たちが働いてくれるから、私たちが楽に暮らしていけるのだ」

といって、心から雇い人に感謝していた。そして、ときどき他所《よそ》の家から貰い物がある

と、まず第一に雇い人に分けてやった。こういう人だから、雇い人たちも一生懸命に働いていた。

この治郎右衛門は真宗の信者であった。近所の寺で説教があるときは、いつも雇い人たちに仕事を休ませて聞かせにやった。

「早く仕事を仕舞《しま》って、説教を聞きに行きなさい。よく話を聞いて、どういうことを聞かせてくださったのか、帰ってきたら私に聞かせてもらいたい」

そういって出してやった。また、そのときには必ず、「賽銭《さいせん》にしなさい」といって小遣いを与えるのが常だった。

説教を聞きに行った雇い人たちは、帰ってから主人に説教の内容を話さなければならないから、うっかりしているわけにはいかない。自然と気を入れて説教を聞く。初めのうちは面白くないと思っていても、何度も聞くようになると、知らず知らず身についてくる。

こうして雇い人たちの精神教育もできて、中には立派な信者になる者もあった。世間から相手にされないような不良でも、この治郎右衛門の家に奉公すると、いつの間にか真人間にされてしまうのであった。

これは江戸時代の話だが、当時は娯楽が少ないから、仕事を休んで説教を聞きに行くのは一種のリクリエーションでもあった。今でいえば、会社が社員を研修に行かせるようなものだろう。その研修に出すときに、「どんな内容だったか、あとで聞かせてくれ」と社長がいって送り出す。それによって、身を入れて話を聞くようになるというわけである。この話は、社員教育の工夫として読んでみるのも面白い。

61 清水次郎長

幕末明治初期の侠客。駿河の生まれ。米商から博徒となり、東海地方を縄張りとした。のち名字・帯刀を許され、東海道探索方の任にあたった。(一八二〇~九三)

◎どんなつまらねえ野郎でも、人の前では決して叱言をいったことがございません

榎本武揚が逓信《ていしん》大臣だった当時、清水次郎長を訪れて話をしたことがあった。

「自分は大臣として四百人ばかりの役人を使っているのだが、なかなか思うようにゆかん。お前は昔五千人の子分を手足のように使ったというけれども、何か秘訣があるのか」

と榎本武揚が聞くと、次郎長は、

「そんな秘訣なんかありません」

と答えた。

「しかし、子分がお前の顎《あご》の動かし方一つで自由になるのは、何か日頃から言い聞かせていることがあるのじゃないか」

すると次郎長はこういった。

「そうですねえ。別に何もありませんが、ただ私はどんなつまらねえ野郎でも、人の前では決して叱言《こごと》をいったことがございません」

次郎長の子分になるような奴らは、あちこちで怒られたり怒鳴られたりした落ちこぼれのような連中ばかりであった。そういう連中を人前では決して叱らない次郎長親分の器量の大きさに、子分たちは心酔したのである。人心掌握の法として参考にしたい話である。

62 ベーカー艦長

イギリスのロンドンにあった「ウォースター」という名門商船学校の校長を務めた。船を校舎として使っていたため、艦長でもある。

◎一番汚いところを徹底的にきれいにする

ロンドンのテームズ河口にウォースターの商船学校がある。ここは東郷平八郎元帥が若いころに勉強したという有名な学校である。この学校の校舎はウォースターという軍艦で、これは五十門の大砲が積める木造の帆前船《ほまえせん》であった。その後、古くなったので、もっと大きな船に変えたけれど、名前は初代のウォースターをそのまま使っている。

明治三十二年に、東京商船学校の高柳教授という人がこの学校を訪ね、校長兼艦長のベーカー大尉に面会した。この人は予備役の海軍大尉で、この学校の出身者である。

ベーカー大尉が高柳教授に尋ねた。

「日本から海事教育の専門家が訪ねてきたのはあなたが初めてだが、何を見にきたのですか？」

「ウォースター商船学校そのものの見学にきたのですよ」

と答えると、

「それなら実際にウォースターではこういう教育をしている、というのを見せてあげましょう」

といって、高柳教授を艦長の部屋に連れて行った。

どこの船でも艦長の部屋には洗面台がある。ベーカー艦長はその洗面台のところへ行って、ガラスのコップを一つ取り、そのコップをポケットに入れた。それからそこにあった提灯みたいなものに灯を点けて、教授を船の中に連れて行った。

どこへ行くのかと思っていると、いくつもの階段をどんどん下りて、ついに木造船のどん底まで行った。艦の一番底には、家の下水のように、上甲板から来る雨水や船底から染み込む汚水が溜まるところがある。艦長はその蓋を開けて、中の水をコップに汲み、また甲板に上がってきて、それを太陽に照らして見せた。

「これがウォースターの教育です。飲めるぐらいの水で、ゴミ一つないでしょう。これがここの教育なんです」

禅問答みたいな話だが、船底に溜まった水が飲めるくらい徹底的に船をきれいにするような教育をやっていたということである。高柳教授は非常に感銘を受けて、なるほどこうした教育を受けているから、イギリスに立派な名士が次々と出てくるのだろうと感じ入った。

その話を高柳教授から聞いたある人は、東郷さんのことを思い出した。日清戦争の前に支那の北洋艦隊が日本にやってきたことがある。定遠・鎮遠といった大軍艦が日本の各地で示威運動をして回った。そのころの日本には大きな軍艦はなかったから、見学した誰もが驚いた。

そうした見物人に混じって、東郷さんが平服でたびたび定遠・鎮遠を見に行っていた。あるとき、東郷さんが定遠を見学していると、大砲の砲身に水兵が洗濯したズボンが引っ掛けて乾してあった。それを見た東郷さんはにっこりと笑っていった。

「もう大丈夫だ。シナの艦隊はいつでも潰すことができるな」

東郷さんは砲身に洗濯物が乾してあるのを見て、水兵の訓練が徹底されていないことに気づいたのである。ウォースターで訓練を受けた東郷さんには、それが意味することがよく理解できた。

かつて、ベルギーの商船学校の練習船がビスケー湾で原因不明の沈没をしたことがあったという。その原因を調べてみると、船の中に侵入してくる水をポンプでかい出しているうち、船底にゴミの混じった水が溜まっていたため、途中でポンプが利かなくなって沈んでしまったことがわかった。

また日本の軍艦の話として聞いたことがあるが、東郷さんのころはともかく、この前の戦争のころになると、艦長は船底まで降りていかないのだそうだ。だから、船底を見ると非常に汚かったという。ウォースターのベーカー艦長が船底に案内したのは、良き時代のイギリスの教育は一番汚いところを徹底的にきれいにすることを教えていると知らせるためだったのである。

第六章

成功の秘密

「考え方」を工夫する

63

エジソン

アメリカの大発明家。新聞の売り子から発明家になり、電灯、電話、電車、映写機、蓄電池ほか特許は二千以上に上り、発明王といわれた。(一八四七〜一九三一)

◎時計を見るな!

エジソンは何か新しい発明を思い立つと、何日も何日も研究室に閉じこもり、文字通り寝食を忘れて一生懸命に研究を続けた。せっかく夫人が心を込めて作ったご馳走が、研究室の机の上で冷めたまま残っているのは、毎度のことであった。

あるとき、エジソンの親友の一人が子供を連れてやってきた。その子供は学校を卒業し、これから仕事に就こうという時期にあった。

友人はエジソンにこう頼んだ。

「エジソンさん、これは私の息子ですが、お見知りおきを願いたいと思って連れてきました。これから世間に出ようというのですが、それについて何か一つ心得になることをお聞かせください」

エジソンは頷《うなず》いて、その青年と握手をし、自分の研究室にかかっている大きな時計を見上げて、こういった。

「決して時計を見るな。これが若い人たちの一番覚えておくべき私の忠告である」

これはもちろん時計を見ないで遅刻しろという意味ではない。時計ばかり見て、「早く退社時間が来ないかな」と思ってはいけないという意味である。

確かに、時間を気にしすぎると仕事はできないものである。たとえば論文を書くときは、筆が滑り出すまでに二時間か三時間、あるいは四時間も五時間もかかるのが普通である。ところが、エンジンがかかってくると、そこからの二、三時間で何十枚も書き上げることができる。だから、そこで時間を切ってはいけない。徹夜になろうが、食事を抜くことになろうが、書き続けなければならない。この感覚がわからない人は、ちゃんとした論文は書けないといってもいいだろう。

カトリックの女子修道院の修道女たちが、高校や大学で教える前段として、上智の大学院に派遣されてきたことがあった。大学院では、修士論文などを書かなくてはいけない。ところが、修道院の人たちは朝早く起きて礼拝をすることになっていて、そのための時間も決まっている。これを厳守していると、当然、その時間はやりかけの仕事を中断しなければならないことになる。ところが、私の知っている女子修道院では、論文を書いている修道女に限っては、みんなと一緒の祈りには出なくてもいいという取り決めになっていた。それを決めた修道院長は、自分も物を書いた経験があるから、事をなすときは時間を気にしてはいけないということがよくわかっていたのである。

ＮＨＫの人気テレビ番組「プロジェクトＸ」などで取り上げられるのは、時間を気にせず徹夜続きで頑張って、成功にいたったという人が多い。「寝食を忘れる」という言葉があるが、エジソンに限らず、大きな事をなしとげるにはそのくらいの覚悟がなくてはならないということだ。

終了時間ばかり気にしている人には大きな仕事はなしえない。これは確かに「若い人たちの一番覚えておくべき」ことに違いない。

64 カーネギー

アメリカの大実業家。少年工から身を起こして世界の鋼鉄王となる。晩年は財産をことごとく公共事業に寄付して、慈善王と呼ばれた。（一八三五〜一九一九）

◎職業はなんでもいい、ただ第一人者たるを心掛けよ

一人の新聞記者がカーネギーを訪ねてきて、こう頼んだ。

「青年のために、何か成功の秘訣というものをお話しください」

するとカーネギーは即座にこう答えた。

「よろしい。成功の第一の秘訣は、貧乏人の子供に生まれることだ」

新聞記者がびっくりして、

「へえ、貧乏人の子供にですか」

と聞き返すと、「そうだ。私はそう信じている。私は食うや食わずの貧乏人の子供に生まれた。毎晩、両親が暗い灯火のもとで、生活の苦しみをかこっているのを聞いたとき、私の胸の中に奮発心が湧き起こったのだ。今に見ろ！　お父さんやお母さんをこんなに苦しめている貧乏というやつを見事退治して見せるから、とね。今日の私があるのは、これがためだ」「よくわかりました。そして第二は？」

新聞記者がそう聞くと、カーネギーは答えた。

「第二は、どんな仕事でもいいから、絶えずその第一人者となることを心掛けることだ」

「なるほど」

と頷《うなず》くと、カーネギーはこういった。

「私は最初、十二歳のときに紡績工場の糸巻き小僧に雇われた。そのとき私が決心したのは、よし、世界一の糸巻き小僧になってやれ、ということだった。そして一生懸命に働いた。その働きが認められたと見えて、こんな子供にいつまでも糸巻き小僧をさせておくのは惜しいというので、今度は郵便配達員に雇われたのだ。

そのときも自分はこう決心した。世界一の郵便配達員になってやろう、とね。そして一生懸命に一軒一軒の家と番地と名前を暗記した。しまいには、町中のどんな小さな小路でも、私の知らない家は一軒もなくなった。無駄な努力という人もいるかもしれないが、それが認められて、今度は電信技手にあげられた。以来だんだんと同じやり方で、ついに今日の地位を築いたのだよ」

今、目の前にある仕事を一生懸命に勤めることによって、今より高い地位が与えられる。成功者はそうやって少しずつ階段を上がっていって、いつの間にか揺るぎないポストに就いているものである。「いいポストがあったら勤めよう」という考え方では、決して自分の望む仕事はできないし、思い通りの人生は送れない。カーネギーの言葉は、そのことを教えてくれている。

65 アインシュタイン

ドイツの物理学者。チューリッヒ大学に学び、ベルリン大学の教授となる。相対性原理を確立し、物理学の発展に多大な功績を残した。ナチスに追われてプリンストン大学に移り、アメリカ市民権を取る。(一八七九～一九五五)

◎ただの思いつきでできるようなものは、世の中に断じてない

アインシュタインの相対性原理は、瓦職人が高い屋根から転げ落ちるのを見て思いついたという噂があった。アインシュタインが来日したときも、ある人がそう聞くと、あの温厚なアインシュタインが不満の色を浮かべ、

「それは、もっての外です」

といって、こう言葉を続けた。

「確かに瓦職人が落ちたのは事実です。だが、それからヒントを得てあの原理を発見したのではありません。それ以前から散々考えたり実験したりしていたところに職人の落ちる

のを見たのです。

よく世の中ではリンゴの落ちるのを見て、ニュートンが引力を発見したと申しますが、それも同じことです。引力というものがなければならないと考えていたところに、リンゴが落ちただけの話です。リンゴが落ちるのを目で見ただけで、引力を発見するなんて馬鹿なことはありません。心で見ることが重要です。心で考えていることに、ちょうど当てはまったものを見て、一種のインスピレーションを受けるのです。

かつて私は自分の書斎の窓が大きすぎるので半分に縮めて、下に戸棚を作ったことがありました。それを見たある人が、これはいい思いつきですね、といいました。でも、決して思いつきではありません。長い間、大きすぎる窓が嫌で嫌でたまらず、なんとかしたいと気を使っていたところに、ふと下半分を戸棚にしたらという考えが浮かんだのです。

科学上の大発見も同じことです。ただひょっと思いついたのでは断じてないのです。インスピレーションは決して空虚な心には与えられません。それを得ようと血のにじむような苦心、努力をしている心にのみ与えられる尊い賜物です。無から有は生じません。長い苦しい努力なしに、ただの思いつきなどというものはないのです」

偉大なるアインシュタインの厳粛な言葉に、並居る人たちは粛然と襟を正した。

世紀の大発見は、一見、偶然のようにしてなされたとしばしば語られる。フレミングがペニシリンを発見したときも、そういう話があった。しかし、それは違う。アインシュタインのいうように、偶然でできるようなものは世の中には一つもない。ペニシリンにしても、何度も実験を繰り返して、たまたまそのときのプロセスで起こったことである。カビの生えているのを見て、すぐに発見するなどということはありえない。

これは平凡な話なのだが、得てして人は結果のみを見て、ほめたりけなしたりする。大切なのは血の出るような苦労をした筋道である。商品開発にしろなんにしろ、それは同じことだと思うのである。

66 シートン

アメリカの動物学者、作家、画家。動物に対する豊富な知識と観察に基づき、『シートン動物記』など数多くの物語を著した。(一八六〇〜一九四六)

◎僕は最後まで手を尽くした

シートンは十八歳のときに、ロンドンに絵を習いに行っていた。そこで、大英博物館の図書館には、世界中のあらゆる博物学の本が集まっているという話を聞き込んだ。小さなころから動物好きだったシートンは、早速その図書館へ駆けつけた。しかし、未成年者は入館できないという規則があるからと、断られてしまった。

諦め切れないシートンは、司書官に会って特別入館許可を求めたが、規則を楯に許してもらえない。それでも諦められず、シートンは尋ねた。

「これ以上訴えて出る裁判所のようなところはありませんか」

「いや、館長の許可があればいいのだけれどね……館長のお部屋は、このホールの端のほうだよ」

そこでシートンは館長に面会して嘆願したが、やはり許可は得られなかった。

「これ以上お願いしてみるところはないでしょうか？　最後に訴えて出る最高裁判所みたいなところとか、規則に縛られないシーザーみたいな偉い人とか……」

館長は、シートンの言葉に思わず唇をほころばせていった。

「評議員からの命令があれば別だがね」

「その評議員というのはどなたでしょう？」

「プリンス・オブ・ウェールズ殿下と、カンタベリーの大僧正と、総理大臣のビーコンスフィールド卿などが評議員だよ」

これらの人々はイギリスの最高位の人物で、そう簡単に近づける人たちではない。

シートンは館長の微笑に見送られて引き下がった。そして家に帰ると、この三人の評議員に向かって丁寧な言葉で、率直に自分の博物学研究の志望と図書館入館許可の希望をしたためた手紙を送った。

「どうせ許可は与えられはしないだろうけど、それでもいい。僕はできるだけの手は尽くしたんだ」

そう思っていたところが、意外にも、シートンの型破りの熱心さが認められて、二週間後に入館許可が下りた。それだけではなく、書庫出入の自由を許した終身閲覧券が添えられてあった。さらには、「一生懸命勉学に励むように」との三人の手紙もあった。

シートンは小躍りする思いで大英博物館に通い、そこの博物学の本を片っ端から読破した。そして、その後アメリカに戻り、五十年もアメリカの動物を研究して、『シートン動物記』を書いたのである。

シートンの書いた本を読むと、このときの「僕は最後まで手を尽くした」という精神が彼の一生を貫いた原則となっていることがはっきり感じられる。簡単に諦めず、何かいい方法はないかと徹底的に考える。そして、できることをすべてやってみる。もうこれ以上できることは何もないというところまで手を尽くせば、大方の問題は解決できるものなのではないか。なかなか普通の人にはそこまでできないものだが、逆にいえば、困難に挑戦するからこそ、成功を手にできるのである。シートンのこの話は、そのことを教えてくれる。

67 ウィリアム・パーキン

イギリスの化学者。ロンドン生まれ。世界初の人工染料モーブ、芳香料クマリンの合成で知られる。（一八三八～一九〇七）

◎面白いものができた。何かに利用できないか

昔は染料を草根木皮、つまり植物の葉や茎、花などから採っていた。これらは得られる色数が少なく、染め方もまちまちで、不便なものだった。今日では、人工染料が用いられるようになったが、その始まりは一八五六年のことであった。この人工染料の最初の発見者は、ロンドンの名もない十九歳のウィリアム・パーキンという青年で、彼は偶然にこれを発見したのだった。

パーキンは当時、有名なドイツの科学者ホフマンの助手をやっていて、アニリンを重クロム酸カリと硫酸とで酸化し、マラリア熱にはなくてはならない解熱剤キニーネを作っていた。すると、そのアニリンの中に不純物として含まれていたものから、マゼンタという赤い塩基性の染料ができた。普通の人だったら、目的のキニーネができないのだから、腹を立てるところだが、パーキンはそうは思わなかった。

「あれ、面白いものができたぞ。これを何かに利用できないかな」

と考えて、さっそく染物の盛んなフランスのリヨンに行って、絹に染めてもらった。その色は葵《あおい》（フランス語でモーブ）に似た美しい赤紫になったので、モーヴェインと名付けた。

以来、人工染料というものがどんどん作られるようになり、一九〇〇年ごろには五百種類もの新しい染料が開発された。パーキンがモーヴェインを捨ててしまっていたら、人工染料の発見はずっと遅れていたに違いない。

キニーネ製造中に失敗してできたものをなんとか利用できないかと考えたことが、全く違う分野の新発見のヒントになったのである。これは、本題とは無関係に思われるちょっとしたことでも頭を柔らかく使うと役立つものになる場合がある、という見本となる有名な話である。

68

古河市兵衛

古河財閥の創始者。京都の生まれ。廃鉱となっていた足尾銅山を近代的技術を取り入れて復活させ、東洋一の銅山王と呼ばれた。(一八三二~一九〇三)

◎他人様のお掘りになったところを、更にもう一間ずつ余計に掘りました

足尾銅山といえば、後年は鉱毒事件で非常に評判が悪くなったが、古河市兵衛はその足尾銅山を開発した人物である。

銅山の開発というのは、とにかく大変な仕事だった。だから、古河市兵衛が足尾銅山を買ったときに、周囲の人たちは口を揃えて忠告した。

「あんな、散々掘り散らかした山を買うのはよしたほうがいいですよ」

足尾は慶長年間から掘り続けられた山で、八千八百の抗の入り口があるといわれていた。すでに蜂の巣のようになっている山だったから、世間では古河は大失敗するだろうと噂し

ていた。実際、明治十年からほとんど三年間は資本をつぎ込む一方だった。ところが、四年目に銅山の貫脈ともいえる大鉱脈に当たって、状況は一転。古河市兵衛は銅山王と称されるようになり、古河財閥を築き上げることになったのである。

ある人がのちに市兵衛に尋ねた。

「あなたはどうして世間が見捨てた山を買って、こんなに成功したのですか」

市兵衛はこう答えた。

「私は他人様のお掘りになったところを、更にもう一間ずつ余計に掘りました」

その成功は、足尾銅山が歴史的な名山であるという点に着眼しただけでなく、他人の掘った穴を更に深く掘るという堅忍不抜の精神と努力の賜物であったということである。

世間の人と同じように考えていては、成功はつかめない。また、世間の人と同じ程度の努力をしていても、成功は覚束《おぼつか》ない。大きな富を得るためには、何事も「人様以上」の努力が必要なのだということを教える好例である。

69 ベルナード・クオリッチ

イギリスのロンドンに現在もある世界最大の古書店「バーナード・クオリッチ」の創業者

（現在この店はクオリッチ家の手を離れている）。

◎直された手紙を繰り返し読み返せ

ロンドンにヘンリー・ボーンという大きな書店があった。この書店は、ボーン叢書という素晴らしい叢書を出している。

このヘンリー・ボーン書店のロンドン本店に、十人ばかりの新入社員が採用された。いずれも専門学校や大学の新卒者だったが、ただ一人、ベルナード・クオリッチだけはドイツのギムナジウムを出た後の実地あがりで、大学出の学歴がなかった。クオリッチはベルリンの書店で勤め上げてきたけれど、同じ働くならボーンのような大書店で働きたいと、わざわざドイツからやってきたのであった。

この店はヨーロッパの各市に渡って国際的な取引を行っているので、取引相手や顧客に送る手紙はもちろん、社内でやりとりする手紙までも、その書き方を非常に重視していた。新しく採用した社員には、社長自身がやかましく指導した。

「手紙の影響は微妙にして重大だ。手紙一本で大事な取引が壊れたり、また反対に、難しい件を有利に導くこともある。このごろの若い連中は、大学は出たけど、手紙一本も書けないという者が多い」

とボーン社長は無遠慮に決めつけ、その指導ぶりは辛辣《しんらつ》だった。社長は新入社員を一人ずつ呼び出しては必要な用件を口述させ、これを書簡文体に書き直させた。それから社長に提出するのだが、どの手紙も真っ赤に直されて、一度で通過した手紙は一つもなかった。クオリッチもその一人だった。特に彼はドイツの学校しか出ていないし、ドイツ人でもあったから、どの手紙も真っ赤に直されて、書き直しばかりだった。

机を並べている同僚たちは、

「これじゃ、まるで筆耕《ひっこう》に雇われたようなものだね」

とぶつぶついって、社長が赤インクで手を入れた手紙を写し替えると、あとは不要だとばかり丸めてくずかごに投げ捨てた。

しかし、クオリッチだけは、書き直して不要となった赤字入りの手紙を一枚一枚丁寧に保存した。それをまとめておいて、土曜日の晩に下宿に帰ってから順々に読み返した。すると、文字の使い方や、ちょっとした言い回しで効果が違うことなどがわかった。そのため、同じ誤りや下手な書き方を繰り返さないようになった。

間もなくクオリッチが真っ先に手紙の書き方を卒業した。そして五年目にはボーン氏の大々的な援助によって独立し、クオリッチ書店を開業した。十年後にはボーン書店をしのぐ大書店に育てあげ、イギリス一の大書籍商になり、「古書業界のナポレオン」と欧米諸国の同業者に言われるようになった。

今でもクオリッチ書店は高価な古本を扱うので有名である。

この話は、注意された点をしっかり直して身につけ、同じ間違いを繰り返さないことの大切さを教えている。注意されるとすぐに不貞腐《ふてくさ》れるようでは、成功者どころか、いつまでたっても一人前にはなれないということであろう。

70 マーシャル・フィールド

アメリカのデパート王。少年店員から「マーシャル・フィールド」を創業し、シカゴきっての大富豪となった。（一八三八〜一九〇六）

◎ポケットにはいつも手帳と鉛筆

アメリカのシカゴにマーシャル・フィールド（後のマーシャル・フィールド・オン・ステート・ストリート）というデパートがある。建てられた当時は、大きさでは世界一といわれていた。社長のフィールド氏は農家の子で、少年店員から叩き上げた人だった。フィールドは非常に物覚えのいい子だったが、それでも、他人から聞いた話で「これはいい話だ、覚えておいたほうがいい」となると、必ず手帳に書きとめた。そのためにポケットには、いつも手帳と鉛筆を入れておいた。

店ではお客様の応対をした。応対しているうちに、お客様の言葉でも参考になるものは、お客様を送り出したあとですぐに手帳を取り出して書きとめた。また、町を歩いていてウィンドウをのぞいて、これは参考になると思ったら、すぐに書き込んでおく。汽車に乗っても、他人の話でいい話だと思えばすぐに書いておく。

こういう風だから、学校には行かなかったけれども、フィールドはなかなかの物知りになった。のちに番頭になってからも、問屋などが町の様子を知りたいと思うと、一番にフィールドのところにやってきて、教えを乞うという具合であった。お客様のことでも、何から何まで知っていた。お客様も「あの男は実によく知っている、自分たちの家庭のことまでよく知っている、感心な男だ」といって贔屓《ひいき》にしてくれた。

よく物を知っていることは人に信頼されることである。それは学問ばかりがそうさせてくれるのではない。頭のよさだけでなく、常に手帳と鉛筆を取り出す習慣が物知りにさせてくれるのである。

こうして築き上げた信用から、フィールドは世界一といわれる百貨店のオーナーになったのである。

71 大隈重信

政治家。佐賀生まれ。立憲改進党を結成し、自由民権運動に参加。のち総理となり、板垣退助とともに最初の立憲制内閣を組閣した。早稲田大学創立者。(一八三八～一九二二)

◎一度会った人は忘れない、大隈侯の人心収攬《しゅうらん》術

大隈重信がどうして人気があったかということを岡崎久次郎という人が語っている。この人が岐阜の県会議員を三人連れて、大隈重信に会いに行った。そして、

「これが武藤、これが坂口、これが渡辺です」

といって紹介した。

それから、一年ぐらい経ってから、大隈さんが大阪からの帰りに岐阜駅で降りたことがあった。長良川で鵜飼《うかい》を見るために、ほんの二、三時間立ち寄ったのである。岡崎さんは

じめ三人が出迎えると、汽車から降りた大隈さんは、いきなり、

「おお、武藤も坂口も渡辺もきていたか」

と声を掛けた。一年前にたった十分か十五分面会した地方の県会議員の名前を突然呼び上げたのだから、その記憶力には全員がびっくりしてしまった。

三人は大いに面目を施し、また非常に感激し、恐縮して、すっかり大隈さんに心酔してしまった。それからというもの、岐阜県はほとんど大隈党になってしまった。

これは、政治家たるもの、一度紹介された人の名前を覚えないようでは駄目だという話である。同じようなことを、アメリカのデール・カーネギーがフランクリン・ルーズベルト大統領の逸話として書いている。フランクリン・ルーズベルト大統領も、一度会った人と次に会ったときは、必ずファースト・ネームで呼んだという。

この話を読んだ子供のころ、「自分は政治家にはなれないな」と思ったことを覚えている。だが、なれないから駄目だとは思わなかった。政治家になれなければ、じゃあ何にならなれるのか。そういうふうに考えることで、本気の志というものが固まっていったのである。そういう意味で、「なれない」と悟ることも大切なことである。

72 デヴィッドソン

リバティ・ナショナル銀行の頭取をしているときにJ・P・モルガンにスカウトされ、モルガンの事業パートナーとしてモルガン商会の理事となる。

◎たった一歩だけ向こうを目指す

デヴィッドソンは、いつでも「たった一歩だけ向こうを目指す」という主義だった。それだけで仕事がやりやすくなり、効果も上がった。この主義のために、彼はいつの間にか出世して、三十二歳のときに、早くもリバティ・ナショナル銀行の頭取になっていた。

そのデヴィッドソンの若いころの話である。

頭取室に入ると、彼は部下に「株主名簿を持って来い」と命じ、株主全部に、次の手紙を出した。

「拝啓、貴下はナショナル銀行の株を持っておられますが、もちろん、その株価が上がることを希望されるものと信じます。それならば、貴下は申すに及ばず、貴下のご友人方にも勧めて、当銀行と取引を始めてくださるよう、ご尽力くださいませんでしょうか。本行は誠実を主義といたしております。取引関係が多くなれば、自然配当も多くなるわけでございます」

それればかりではなく、彼は主な株主のところには自分で訪ねて行って、話をして回った。その誠意が株主を動かして、リバティ・ナショナル銀行は大変な勢いで発展した。デビッドソンの行動力を見込んだ金融王モルガンは、わずか四十歳のデヴィッドソンをモルガン商会の理事に抜擢したのであった。

大銀行の頭取が株主を全部回るわけにはいかないだろうが、リバティ・ナショナル銀行は地方銀行だったがゆえにこうしたことが可能だったわけである。日本でも戦前は小さな銀行がたくさんあったが、デヴィッドソンはいわばそういう小銀行の責任者になったのである。そこで一計を案じ、取引額が増えれば、株の配当も多くなりますから協力してくださいと説いて回ったというわけである。これは規模の小さい点をうまく生かした工夫であったといえるだろうし、小さくてもなんとかしようというデヴィッドソンの仕事への熱心さを表している逸話でもある。そういう人物であったからこそ、モルガンの目にかなったのであろう。

73 佐藤慶太郎

北九州の石炭王。大正十五年に百万円を寄付し、東京上野の森に東京都美術館を設立したほか、大分の別府市美術館の設立などにも貢献。

◎経験と信用は二つの大きな無形の財産

九州に佐藤慶太郎という大金持ちがいた。百万円を寄付して上野に美術館を建てたり、百五十万円寄付して駿河台に佐藤新興生活館を建てて生活改善に乗り出した。とにかく、もの凄い額の寄付をした。今の価値でいえば、何億、何十億という寄付を続けた人である。

この佐藤慶太郎氏は名主の家の長男として生まれたが、家庭の事情で両親が若いときに家を出た。それで非常な貧乏生活を骨の髄まで味わって育った。九つか十のころは、田んぼの稲の落穂拾いをしたり、櫨《はぜ》の実を拾って一家の生活を助けたというほどの赤貧の生活であった。

いろいろなことがあったのち、九州若松の石炭商、山本周太郎氏に見込まれて、二十五歳から足掛け八年、無報酬で山本商店の番頭を務めて、いよいよ独立することになった。そのとき山本さんは、八年間の労苦に報いて出資を申し出た。しかし、佐藤慶太郎はその申し出をこういって断った。

「八年間奉公させていただいたおかげで、石炭の見分け方から、売り込み、その他の業務一切を経験させてもらいました。その上、この信用ある店で長年奉公したから、自分にも信用がついてきました。この経験と信用という二つの大きな無形の財産を分けてもらった以上、その上の贈り物を受けるわけにはゆきません」

そして、独立独歩で小さな会社をつくって、社会の荒波に飛び込んだ。

開店当時は、事務所は六畳一間のみ、古テーブル一つ、一個六十銭の藤椅子三つ、小僧一人の貧しい店舗だったけれども、八年間の経験と信用がものをいって、一つの取引の誤りもなかった。店は貧弱だったけれども、三井も三菱も安心して、前金でなく伝票を切ってくれる。そして、安心して為替手形を割り引いてくれる。このような具合で、資本金は一文もなくても、商売はどんどん繁盛して、大実業家になったのである。

無報酬で働いたことを「仕事を覚えさせてもらった」と感謝する。こういう考え方もある。これは紛れもなく成功者の発想である。

74

ジョン・リピンコット

アメリカの大手出版社リピンコットの創業者。リピンコット社はコナン・ドイルのシャーロック・ホームズ物の第二作『四つの署名』の出版元として知られる。

◎とにかく相手にイエスといわせる

リピンコットというアメリカでは指折りの書籍出版元があった。この事業を興したジョン・リピンコットは、書籍販売のコツについて、次のように経験談を語っている。

たいていの書籍外交は、お客の家を訪ねて

「奥様、この素晴らしい本をお子様にいかがでしょう?」

と紋切り型の口上でいう。そうすると、玄関に出てきた主婦は、十中八九、「間に合っています」とか「要りません」といって、外交員の鼻先でピシャリと戸を閉めるに違いない。

ところが、このリピンコットはまずこういった。

「奥様、お宅のお坊ちゃんは、これこれの学校にお通いになっているそうですね」

するとと主婦は、相手が外交員だとわかっていても、事実であれば、

「ええ、そうですが……」

と答える。

これで外交員は、とにかく相手に「イエス」をいわせることに成功したわけである。その主婦が最終的に商品を買ってくれるかどうかはわからないが、販売員としてみれば、頭から「ノー」といわれて玄関払いを食わされないだけでも、将来の交渉の余地が残っていることになる。リピンコットは、それを一応の成功と考えた。

「相手方にイエスといわすことは、相手方に好感を起こさせた証拠であって、やがて相手を説得し得る機会をつかめるものである」

と彼はいっている。そして、こういう説得方法をいろいろ工夫して、大書籍出版社の創業者となったのである。

最初に「ノー」といわせないで「イエス」といわせるというのは、日本のセールスでも常識になっていると思うが、おそらく、リピンコットのような人たちの話が元になったものだと考えられる。

75 パウリッチ・ユウラ

アメリカ・ダラスにあるP・R時計会社に小僧として入り、以来、持ち前の勤勉さで社長にまで出世した。

◎僕は最優良の時計みたいな人になりたい

アメリカのダラスのP・Rという時計会社にユウラという小僧がいた。あるとき、会社が誇る最優良の時計を作っている熟練工にユウラは尋ねた。

「それ、どこが良くて最優良の時計というんですか?」

「ネジをかけたときとネジのゆるんだときの間に、あまり遅い速いの差がないからさ」

「たったそれだけのことですか?」

「まだあるぞ。寒さ暑さで、あんまり遅くなったり速くなったりしないからさ」

「それから?」

ユウラは目を輝かせて聞いた。

「置いた場所によって速くなったり遅くなったりしては駄目だ。この三つが申し分ないのが最良品さ」

熟練工はそう答えた。その晩ユウラは眠らずに考え事をしていた。

そのうち給料日になった。当時の工場では、給料日が来ると、多くの工員は口実を設けて夜業を休み、遊びに行ったり飲み食いに行った。そして、財布が空になると夜業を始める。中でも怠け者の工員は、工場長から叱られたときは二、三日よく働くが、すぐまた怠け出すという具合だった。

ところが、ユウラは違った。

「ユウラ、お前は一晩も夜業を休まないし、怠けない。感心だな」

工場長がそういって褒《ほ》めると、

「僕は最優良の時計みたいな人になりたいんです」

ユウラは張り切って答えた。

工場では、冬になるとさっぱり仕事の能率が上がらない工員がいた。反対に、暑がりで夏はぐずらぐずら働いている工員もいた。工場長の機嫌次第でよく働いたり、しょげたりする工員もいたし、気が向けばせっせと働き、嫌になるとやたらに横着になる工員もいた。

しかし、ユウラはムラなく働いていた。それを工場長が褒めた。

「ユウラ、お前は年中ムラなく働くなあ。嫌なこともあるだろうに、本当に役に立つぞ、お前は」

ユウラは、

「僕は、最優良の時計みたいになれりゃ満足です」

と相変わらず張り切っている。

工場長はときどき、工員を指名して便所掃除をさせた。指名されると、たいていの者は仏頂面で嫌々掃除をする。また、新米の小僧と一緒にネジのより分けをさせるとブツブツ不平をこぼす古手の工員もいる。

しかしユウラは何をいいつけても、嫌そうな顔をしないで朗らかにきっちりやる。だから工場長はユウラにいった。

「実に気持ちのいい子だ。お前がやっていることは、お前が始終希望している最優良の時計の三つの資格を持っているぞ。俺はほとほと感じ入った。さあ、これをお前にあげるから大事にしなさい」

そして、ユウラが夢に見るほど欲しかった最優良の金時計を与えた。

それからもユウラはその金時計を肌身離さず持って、時計のチクタクチクタクという響きを「この調子で働け、この呼吸で働け」と聞いて、たゆまず仕事にいそしんだ。

後年、このパウリッチ・ユウラという少年は、彼が働いていたP・R時計会社の社長になったのである。

第七章

お金とのつき合い方

それぞれの金銭学

76 ロックフェラー

アメリカの大富豪。一会社員から身を起こして世界の石油王になる。幼少より信仰に篤《あつ》く、公共事業等に多大な貢献をなした。(一八三九～一九三七)

◎殖やさなければ減るのが金の性質である

ロックフェラーといえば金持ちの代名詞になっているような大富豪だが、彼にはモットーがあった。それは、

「うんと稼ぎ、うんと貯め、うんと寄付せよ」

という言葉で表現される。

これが彼の一生を貫いたモットーであったから、ロックフェラーは、月給が二十五円のころから月々キチンと貯金をし、それと同時に毎週二銭ずつ教会に寄付することを忘れなかった。彼は一生で五十億円(昭和八年の貨幣価値で)稼ぎ、そのうちの三十億円を寄付し、財産は二十億円ぐらいあったといわれている。貯めたお金よりも寄付をしたお金のほ

うが多かったのである。

彼が石油業を始めて間もなくのころ、ハンティングトンという兄弟の屋根葺《ふ》き職人が、ロックフェラーの石油タンクの屋根をつくった。そのとき、その代金の支払方法で問題が起こった。ロックフェラーは兄弟に一つの提案をした。

「現金で払ってあげてもいいけれど、それではすぐになくなってしまうから、それだけの額面の石油会社の株をあげよう」

ところが職人の兄弟は、喉から手が出るほど現金が欲しかったから、この申し出を断った。しかし、ロックフェラーは真剣に真面目に兄弟に説いた。

「金は儲けたらすぐ貯めることを考えなきゃ駄目ですよ。いいですか。殖やさなければ減るのが金の性質なんですよ」

あまりロックフェラーがしつこくいうので、兄のジョンのほうはとうとう口説き落とされて、渋々株を受け取ることを承知した。だが、弟のハッフは激しい口論ののち、ついに頑張り通して現金を受け取った。

それから二十年が過ぎた。現金を受け取った弟のハッフはいつまでたっても昔のままの屋根職人であったが、兄のジョンはすでに百万長者になっていた。

お金とは実に不思議なものである。同じ年に入社した社員に同じように給料をもらっていても、十年、十五年、二十年と時間が経過すると、ある人は家を建てているし、ある人は貯金もなくていつもピーピーしている。結局のところ、ロックフェラーの指摘するように、お金というものは黙って何もしないでいれば減っていくのがその性質のようである。殖やそうとしなければ減るものなのである。

このロックフェラーの教えを知ると知らないとでは、その人の人生は大きく姿を変えることになるだろう。貴重な教えとして耳を傾けたいものである。

77 ロバート・ダラー

アメリカの実業家。木材屋の小僧から転じて船舶業に入り、船舶王といわれるようになった。

（一八四三〜一九三二）

◎貯金は成功のチャンスを作る

ロバート・ダラーは三十六歳のときに小さな汽船会社を始め、以来グングンと事業を発展させて、ついには世界の汽船王と呼ばれるまでになった。

彼はスコットランドの工場町に生まれて、十二歳のころには労働者となっていた。生まれて初めて半クラウン（昭和七年の通貨価値で約一円二十銭）の週給をもらったときは、興奮しながらその銀貨をしっかり握って家に走って帰った。その全額が彼の最初の貯金となった。その後、彼は材木会社に入って働き、二十歳になったときには、材木を切り出す山を買い込むだけの貯金をしていた。

ところが、この材木事業は失敗して、二千五百ドルの借金を抱えてしまった。だが、ダラーはまた一からやり直すつもりで労働者になり、せっせと貯金して、三年がかりで借金を返済した。そして、またチャンスをつかむ元手となる貯金を始めた。

貯金ができたところで再び材木業界に入り、今度はカナダ、カリフォルニア、ミシガン等を転々として活動を続けた。そのときに、材木の運送ということから汽船に着眼して、三十六歳のときに、すべての貯金を投じて小さな運送船を買い、運送業を始めた。それがうまくいき、のちにはダラー汽船会社の持ち主になって、世界の汽船王にのし上がった。

ダラーは常にこういっていた。

「私が今日の地位を築けたのも、小さな船を買うだけの貯金があったから。貯金をしていなかったら、チャンスをつかむことはできなかったでしょう」

偉人の概念には非常に多様性があるが、このダラーのような考え方ができるというのも、まさしく偉人に特有なものである。つまり、チャンスをつかむために、日頃から貯金をしておくという考え方である。

貯金というのは、ただお金のことだけを指すのではない。いろいろな苦労をして経験を積んでおくこと、厳しいトレーニングをして体力をつけておくこと、良好な人間関係に努めて信頼を得ておくこと、友情を培《つちか》っておくことなども、広い意味では貯金といえるだろう。日頃からそのような貯金をしておくことによって、チャンスがやってきたときに生かすことができる。貯金がなければ、今がチャンスとわかっていても、みすみす指をくわえて見逃すしかないのである。

時を逃さずチャンスをつかむ。これは偉人、成功者の共通項である。

78 ジョーンズ

アメリカ・ミネアポリスにあった有力地方新聞の社長。借りた資金を堅実に返すことで信用を高め、大新聞社を築いた。

◎私はお金が欲しかったわけではない。個人の信用が欲しかったのだ

アメリカのミネアポリスの有力新聞社の社長にジョーンズという人物がいた。この人が初めて新聞経営に乗り出したとき、一番欲しいと思ったのは信用であった。そこで、信用はどうしたらできるかといろいろ考えた。

彼はまず最初に、別に必要でもないのに、銀行から当時のお金で二百ドル借り入れた。元々要らないお金だったので、使わずにしまっておいて、期限がきたら元金に利子を添えてそのまま返した。そして、また二、三か月経つと、前回より少し多くの金を借り入れた。そして期日が来ると、ちゃんと利子を添えてきれいに返した。それから半年して、今度は倍のお金を借りた。それも期日が来ると、きちんと返した。返済がしっかりしていたため、ついには一度に二千ドルも借りられるようになった。

二千ドルを借りるというのは、当時では大変なことである。これについて、ジョーンズ氏はこういっている。

「私はお金が欲しかったわけではない。個人の信用が欲しかったのだ。ジョーンズに金を貸しても、期日には間違いなく返済する。ジョーンズは堅い男だ、という信用をつけたか

ったのである」

ジョーンズ氏はそのために必要もないお金を借りていたのである。

思惑通りに信用ができると、ジョーンズはいよいよ自分で新聞を発行しようと腹を決めた。いろいろ準備を整えたが、新聞を出すには一万五千ドル（当時の日本円で五万円）が必要だった。しかし手元には五千ドルぐらいしかない。そこで顔なじみの銀行に交渉してみると、日頃の信用が利いて、直ちに一万ドル貸してくれた。

慎重な男であるから、もちろん資金があって事業に乗り出せば成功する目算はあった。当然一万ドルも期日に完済し、ますます信用を高め、ついに地方の大新聞社を築き上げることになったのである。

事業には信用が一番重要だということを教える話である。信用を作るために、こういう工夫、努力をする人もいるのである。また、そういう信用を作った人に、ポンと大金を貸す銀行家もいるということである。

79 円智坊

もとは紀伊国屋亦右衛門という紙屋であったが、のちに僧になり、大阪にある太融寺（真宗高野派の名刹《めいさつ》）に入る。

◎落ちて行く奈落《ならく》の底を覗き見ん　如何ほど欲の深き穴ぞと

京都の西に紀伊国屋という紙屋があった。その紙屋の主人は亦右衛門《またえもん》といって、大阪の本店から百両の資本を千両に殖やせという言いつけを受けて、日夜一所懸命働いた。紀伊国屋は紙屋といっても主として安いチリ紙を扱っていたが、働きのかいあって、間もなく目標の千両に到達した。

そこで亦右衛門は大阪本店の主人のところへ行って、

「千両になりました」

と報告すると、主人は非常に賞賛した。

「さすが俺の見込んだ男だけあって、たいしたものだ。今度はその千両を十倍の一万両にしてみろ」

それで亦右衛門はまた支店に戻って、一心不乱に、妻もめとらず満五年間頑張って働いた。そのお陰で目標の一万両のお金ができたので、また喜び勇んで主人に報告した。

主人は、「お前は本店に勤めたころから無駄を省き、骨身を惜しまず、陰日向なく立ち働く立派な者だったが、これほどの腕があるとは思わなかった。どうだ、ついでにその一万両を十万両にすることはできないか」

といった。すると亦右衛門はこう答えた。

「百両を千両にするのは非常に苦労をしましたけれど、千両を一万両にするのは比較的楽でした。一万両を十万両にするのは尚のこと簡単だと思います」

そして亦右衛門は言葉の通り、わずか三年の間に十万両を儲けた。すると主人は、

「さてさて感心な奴だ。次はその十万両を百万両にしないか」

と彼に要求してきた。このとき亦右衛門は、主人があくまでも金銭のみを求め、欲にキリがないことに気づいた。そこで、彼は主人にいった。

「人の命こそ宝です。百万の財宝も命あっての宝だと思いますので、私は私の宝のために尽くしたいのです」

そう挨拶すると、この世を捨てて大融寺という寺に入り、円智坊と名を改めて、京都の町で毎日托鉢する身になった。その彼が辞世の歌として作ったのが、

「落ちて行く奈落の底を覗《のぞ》き見ん　如何ほど欲の深き穴ぞと」

であると伝わっている。

円智坊のこの歌は、お金のためにお金を儲けるという極限にまで行った人の抱いた感想

として深く考えさせられる。食欲や性欲は簡単に充足させうるものだが、物欲とか権力欲は別物で、キリがなくなる恐れがある。そのキリがどこなのかは非常に大きな問題だが、そこは良識に従うしかないようである。キリなくどこまでも行けばいいものでもないらしい。ロックフェラーは儲けたよりも多額の寄付をしたと述べたが、この紙屋の主人はただのガリガリ亡者でしかなかった。それがわかったから、亦右衛門は一転して一切の物欲を断った托鉢僧侶になったのである。

アメリカが一番栄えたころに、ヒッピーが流行ったことがある。単に麻薬を吸うだけのロクでもないヒッピーが多かったが、中には高貴なるヒッピーもいたようである。つまり、物欲を限りなく求めても始まらないといって、原始的な素朴な生活を始めた人たちがいたが、どうも亦右衛門の姿はこれに近いように思う。

こうした極限の例を知っておくことは、何をする場合でも参考になるはずである。

80 岩崎弥太郎

明治時代の実業家。土佐（高知県）の生まれ。郵便汽船三菱会社の社長となり、大三菱の基礎をつくった。（一八三四〜八五）

◎汲み出す一升より漏る一滴

三菱の初代岩崎弥太郎が、まだそれほど大金持ちになっていなかったころの話である。店員の一人が数千円という、当時では大金を持ち逃げしてしまった。ちょうどそのとき、弥太郎は病気で寝ていたが、支配人がおそるおそるそれを報告すると、

「罪を憎んで人を憎まずじゃ。表沙汰にしないようにして本人の行方を捜せ」

と命じた。そして支配人がホッとして退こうとするのを呼び止めて、こうつけ加えた。

「君、樽《たる》の上からすくって飲むやつは、たとえ一升飲まれても、三升飲まれても大したことはない。怖いのは樽の底から一滴でも漏ることだ。そいつをよく注意してください」

これは貯蓄についての凄い教訓である。「大きく使われたとしても、それは怖くない。怖いのは日常の締まりのない家計なのだ」と岩崎弥太郎はいっているのである。まさしくその通りである。だから私は、締まりのない女房を持った男に同情するし、締まりのない亭主を持った奥さんにも大いに同情する。


先にも述べたが、底が締まっていれば、安い給料でもいつの間にか貯まるのである。人は大体、自分が貯めたお金に比例して利口になるものである。ところが、底が割れている

と、たまに大きく儲けても、気がついてみると大して貯まっていないということになる。大金を持ち逃げされた。そんなものは大したことではない。肝心なのは底をしっかりすることである。「汲み出す一升より漏る一滴」というのは千古の名言である。

81　新渡戸稲造

教育者、農政学者。岩手出身。キリスト教徒の立場で国際親善に尽力。東京女子大初代学長を務めるなど、教育者としても活躍した。(一八六二～一九三三)

◎商人が商人として立派になろうとするには、人として立派なことをすることを世渡りの方針にしなければいけない

新渡戸稲造《にとべいなぞう》の『修養』の中に出てくる話である。

新渡戸稲造が人を使っているころ、お金を与えるとすぐに使ってしまい、いつも貧乏をしていて、破廉恥《はれんち》罪を犯さなければいいがと心配するぐらい、金を浪費する人がいた。間接的に忠告しても、「今の月給では貯めたところで知れている」「もう少しもらわなければ

貯金する余地がない」などと嘯《うそぶ》く。

しかし、そういう人に月給を増してやっても、ますます使うだけであって、今まで二円の料理で済んでいたのが、今度は三円のものを食うようになる。すると、月二十円ぐらいの借金だったのが、給料を上げると五十円ぐらいの借金に増えてしまうかもしれない。だから結局、給料を上げないほうがいいと思うようになる、と新渡戸はいう。

それに反して、給料はわずかでも、貯金するとか、親に送るとかする男は、金を生産的に使うから必ず雇い主の好意を得て、長い目で見れば地位が上がり、それとともに給料も上がるようになる。

こういう風に、真面目に自分の職業を勤める人は、たいがい自分の職業以上の思想を養うようになるものである。つまり、単にそのときだけの職業で終わるのではなく、その上のところに高い目標を置くようになる。職業以上の高いところに目標を置かない人は、余裕が乏しくなるように思われる。

だから、商人が商人として立派になろうとするには、一歩進んで人として立派なことをすることを世渡りの方針にしなければいけない。

商業と道徳は相容れないものなのだと考えてはいけない。人として立派になるように努力する姿勢が仕事上の成果を導く。商業と道徳は深くつながっているものである。これは洋の東西を問わず、仕事で成功しようと考える人にとっての真理であるといっていいようである。

82 渡邉錠太郎

陸軍大将。陸軍教育総監在職中に、二・二六事件によって暗殺された。(一八七四～一九三六)

◎保証人というものは、本人が月謝を納めることができないようなときに、代わって納めるのが役目だ

二・二六事件のとき、青年将校に暗殺された渡邉錠太郎大将という人がいた。この渡邉大将に保証人になってもらったという人の話がある。

その人は渡邉大将の近所の人で、渡邉大将がまだ大尉のころに、学校の保証人になってもらった。当時、この人は苦学していたので月謝も滞《とどこお》りがちで、二、三か月分未納になっていることがあった。

保証人には学校から督促が行ったが、当の本人はそのことを知らなかった。だから、あとでお金の都合がついて学校へ月謝を持って行くと、すでに保証人がきて納めたという話を聞いた。びっくりしてすぐに渡邉大尉のところにお金を持って謝りに行った。

すると、渡邉大尉はこういった。

「君が月謝を納めていないという通知がきたから納めておいただけである。保証人というものは、本人が月謝を納めることができないようなときに、代わって納めるのが役目だ。それが嫌なら自分は保証人はやらない。保証人を引き受けた以上は、保証人の任務は尽くさせてもらいたいのだ。私は当然の任務をやったのだから、君にお礼をいわれることはない」

そういって、返そうと思っていたお金も受け取らなかった。

当時の大尉は、それほど大した高給取りではない。それを考えると、渡邉大将は非常に立派な人であったようだ。昔はこういう人物が確かにいた。保証人には、こういう人物になってもらうのがいいのである。

また、こういうできた人物であるからこそ、二・二六事件で狙われたといってもいいのだろう。二・二六事件の青年将校たちは、当時の日本の本当に立派な人たちを殺してしまった。大蔵大臣の高橋是清、元総理大臣の斎藤実《まこと》、そして陸軍では、この渡邉錠太郎大将などである。この人たちが無事だったならば、と考えるような出来事がその後の日本にはしばしば起こっている。

余談だが、渡邉大将の娘さんは上智の大学院出身で、のちにノートルダム清心女子大学の学長になった方である。

83 安田善次郎

安田財閥の創始者。富山市出身。二十六歳のときにつくった両替店「安田屋」を発展させ、金融業を中心に事業を成長させた。（一八三八～一九二一）

◎担保には目一杯の貸し付けをする。期限には一切待ったをいわせない

安田善次郎は両替屋の店員から身を起こして、当時のお金で一代で三億の巨富を築いたといわれる。この人が金融で成功した陰には、次のような二つの家憲があった。

一．担保には目一杯の貸し付けをする。

二．期限には一切待ったをいわせない。

この二つは一見矛盾しているようだが、安田善次郎はこれについて次のように述べている。

「金を貸すときは、なるべく担保を内輪に見積もって貸すのがしきたりになっているけれど、それは大変な間違いだ。すでに十分に調査をして、その人の事業なり商売なりに金を貸してやろうと決めた以上は、一銭でも余計に貸して運用させて成功させてやるのが本筋である。そうやって目いっぱいに用立てて成功しなければ、それはよくよく不運なのだから、そのときは借り手も潔《いさぎよ》く諦めて、次の方策に進むことができる。金を貸すときに必要以上に安全を要求するのでは金貸しの資格はない。

ところが、金を借りた人は返済の期限が来ると、もう幾日待ってくれ、何日に入金の予定になっているから、といいたがる。それは聞いてやるほうが不親切だ。期限は金を借りた日から決まっている。六十日なり九十日なりで前からわかっている。その間に用意できなかった者は、たとえ一週間、十日待ってやっても都合のつくはずがない。日延べの上に日延べを要求して来るのが落ちだ。そんな人は、そもそも金を借りる資格がないのである。資格のない人のいうことに引きずられていては、こちらの商売が成り立たない」

これが本物の銀行家たる者の方針なのである。

数年前、日本の大銀行がアタフタしているときに、いわゆる商工ローンが非常に伸びた。取立てが乱暴であるといって批判を浴びた日栄のような会社もあったが、商工ローンの代表格である商工ファンドは、そういう強引な取立てはしなかった。

商工ファンドは中小企業に金を貸していたので、貸出額は平均して四百万円ぐらいで、その代わりに保証人を立てることを求めた。そして期日がきて返済が滞っている人に対しては、脅したりすかしたりしないで、どんどん民事裁判に持ち込んで取り立てるという方法をとった。当時、裁判所に持ち込まれる訴訟の半分ぐらいは商工ファンドのものだったといわれるほどである。この方法で商工ファンドは急速に伸びたのである。

これは、ある意味では先進国のやり方、あるいは、安田善次郎のやり方であると思う。遅れるのは、遅れるほうが悪い。しかし、脅して取り立ててはいけない。保証した人からいただくようにすればいいのである。四百万円ぐらいならば保証人が払ったとしても破産することもないだろう、という方針だったと聞いたことがある。

消費者金融や商工ローンなど、社会では問題にされがちな会社が伸びていったのは、需要があったからである。それは、本来ならばそれに応ずべき大銀行が、その手段を持たなかったことの証明でもある。事実、今では大銀行が次々に消費者金融と手を組むようになっている。

安田善次郎の言い方を借りると、近年の大銀行の銀行家は金貸しの資格を失ってしまったのである。いつの間にか銀行業が金貸し業であることを忘れてしまい、銀行員にも金貸しの覚悟も経験もない。ただ、一番安全で一番給料が高い勤め先とのみ考えて、秀才たちが押しかけたところに、銀行が遅れをとってしまった最大の原因があるように思うのである。

安田善次郎のように両替屋の小僧から叩き上げでのし上がってきた人は、そのあたりの覚悟がきっちりできていたのであろう。

安田善次郎については、こういう話もある。部下を連れて地方を回って歩いていたとき、ある茶屋に行った。おばあさんがお茶を出してくれたので、善次郎は部下に「茶代を十銭置いていけ」といった。ところが、次の茶屋では「一銭でいい」という。あまりにも茶代が違うので、部下が「どういうことですか?」と聞くと、お茶を出し殻《がら》で出したか、新しく入れ替えて出したかを厳しくチェックして、チップ一つまでもきっちりと分けていたのだという。大銀行をつくる人というのは、そういう細かいところまで目が行き届かないといけないものらしい。単に、給料のいい職業だからといって入った秀才では、とてもやれる仕事ではないということだ。

クリントン政権のころに大銀行がバタバタと倒産したことがあった。そのときのアメリカの財務副長官ルービンは、ウォール・ストリートのサクセスストーリーに名を残すような実務家だった。そういう経験豊富な実務家と、単に大学のペーパーテストの点数がよかったという人たちの集団では、金融に対する発想そのものが違っていたのではないかと、今では考えるのである。

第八章

正直であれ、親切であれ

人生の心得

84

エドワード・ボック

アメリカの雑誌編集者。オランダ生まれ。七歳で両親とともに渡米。「レディス・ホーム・ジャーナル」をアメリカ最大の婦人雑誌に育てた。(一八六三～一九三〇)

◎返事をなおざりにしておくことは、犯罪でないまでも、それは罪悪である

事業に失敗して貧乏のどん底でオランダからアメリカに渡ってきた移民の一家に、七歳の子供がいた。それがエドワード・ボックである。彼は子供ながら発奮して、パン屋の窓ガラス拭きのアルバイトを手始めに、パンの売り子、新聞配達、水売りと、だんだん激しい仕事を続け、苦学しながら勉学をした。そして、ついに世界第一の婦人雑誌といわれる「レディース・ホーム・ジャーナル」誌を築き上げ、世界一の雑誌記者になった。

ボックは徹底して親切な人だった。雑誌の編集員に、常にこういっていた。

「あなた方はただ雑誌の紙面だけをよくすれば、それで読者に対する義務を尽くし終えたと思うのは大間違いです。文字に現れない雑誌の背後で大奉仕をしなければならない。読者からの手紙には親切に返事を出してください。人間を動かすのはただ親切です」

これを要約して、彼はいつもこういっていた。

「返事をなおざりにしておくことは、犯罪でないまでも、それは罪悪である」

このように彼は編集員を励まして、完全に迅速に読者に返事を出させるようにした。ボックが大成功を収めたのは、この親切心のためであった。

ボックのいうように、手紙の返事はすぐ書くべきものだと私も思う。しかし、なかなかできないことである。書かなくていい理由はいくらでも出てくるし、そうこうしているうちに忘れてしまう。

一般論としていえば、イギリス人は手紙については驚くほど几帳面である。イギリス人と文通をして、連絡が悪いことはほとんど記憶にない。ところが、同じ文明国でも、ドイツ人になると、ほとんどあてにならない。もちろん例外はあるが、手紙を出しても返信をくれる人はほとんどいない。

こういう経験をしたことがある。ドイツ人の知り合いのグループが東京に遊びにやってきたので、一日中、町案内をしたり接待をしたのである。しかし、彼らの帰国後、そのことについて礼状を送ってきた人は一人もいなかった。別に日本語で書く必要はない。私はドイツ語が読めるからドイツ語でも十分なのだが、まるで駄目である。イギリス人というのは、世界的に信用が高いように思われるが、それは貴族から庶民にいたるまで、出した手紙に返事を返すという習慣があるからではないだろうか。そういう印象を私は受ける。

かくいう私自身はどうか。ボックの言葉を知っていたから、若いころは返事を出すように心掛けていたが、必ずしも守りきれなかったようにも思う。考えてみると、そのために随分損をしたような気がする。手紙をきちんとやりとりしておけば、どのぐらい多くの外国の人たち、あるいは日本の人たちとの交友関係が続いたかと残念に思うことがしばしばあった。

そう気づいた中年以降は、返事を怠ることのないように自分に言い聞かせ、心掛けている。学生に対しても、少なくともこちらから手紙が途絶えたということはないはずである。私は事業家ではないから、手紙を必ず書いたから商売繁盛につながるというわけではないが、それでも返事は必ず出すように努めている。

たとえば、贈り物をもらって礼状を書かないというのは、送ったほうは不安なものである。著書を送ってくれる人がいるが、それが仮に興味のない本だからといって礼状を書かなければ、送った人は届いたかどうか心配するものである。そういう思いをさせるのはよいものではない。

今は葉書一枚書くのも億劫《おっくう》な時代である。誰もが簡単に電話やメールで済まそうとする。そういう時代であればこそ、手紙を書く習慣はますます意味あるものになると思う。世の中の親は、子供に筆まめになることを教える必要があるのではないだろうか。

85 スタットラー

アメリカのホテル王。十三歳でホテルの給仕として働き始め、三十八歳からの約十年間で全米各市で大ホテルを経営するようになった。（一八六三〜一九二八）

◎人生は奉仕である

スタットラーの成功は徹頭徹尾「お客様にどんなふうにサービスすれば満足してもらえるか」という研究をしたことにあったといわれる。彼は年中ホテルの従業員に対して、お客の待遇法を教え、熱心に訓練した。

一九二一年にスタットラーは、全部の客室を合わせると七千七百にもなるといわれる七つの大ホテルの従業員たちに「お客様待遇宝典」というパンフレットを作って配布した。その冊子の一番最初に、彼がいつも考えている「成功の秘訣」を書きつけた。それは、

「人生は奉仕である」

という一文であった。

これは実に優れた内容の冊子で、スタットラーのホテルだけではなく、アメリカ中のホテル、食堂経営者、デパート、小売店、問屋、ブローカー、郵便局、鉄道会社、役所にいたるまで、これを参考にして従業員を訓練するようになったという。

奉仕とは民主主義を体現する態度である。若い人たちはピンと来ないだろうが、戦争中に配給制度というものがあった。そのころの店員の無愛想なことといったらなかった。配給だから自由に買えるわけではない。売ってもらわなければならない。だから店員の側にも「売ってやっている」という態度がありありと見えたものだ。

かつてソ連の商店の従業員が非常に無愛想なことで有名だったが、店はすべて国営であり、売り子は公務員であるため、「売ってやっている」という感覚になるのである。民主主義のいいところは、「成功するために奉仕する」という考え方があるところである。全体主義の国では、出世とは威張ることにほかならない。

私は、奉仕することが人生の成功につながるという時代を子供のころの読書で知ってい

る。ところが、戦争が始まるとお客の対しての「奉仕」という言葉が日本から消えてしまった。だから私は、講談社文化の良き時代に返ることが民主主義だと考えているのである。民主主義とは奉仕の哲学が支配的な社会であると思う。それゆえに「人生は奉仕である」というスタットラーの言葉は、民主主義の原点となる重要な教えといえるだろう。

86　江原素六

明治の教育家。貧乏士族の子として江戸に生まれる。維新後、沼津に移住し、教育事業に取り組み始める。のち麻布中学を創立、校長を務めた。(一八四二〜一九二二)

◎やはり、正直は得だなあ！

貧乏士族の家に生まれた江原素六は、家計を助けるために、十歳のころから父親の内職を手伝って、総楊枝《ふさようじ》や爪楊枝《つまようじ》を削っていた。

夜になると、昼間こしらえた楊枝の束を風呂敷に包んで、「楊枝はよいか、楊枝はよいか」といいながら、新宿の小間物店へ売りに歩いた。すると、素六の持って行った楊枝はすぐに売れた。中には、品切れになっても素六が売りに来るのを待って買ってくれる人もいた。

どうしてそんなに売れたのか。

当時は、楊枝を百本ずつ束ねるのに、人目につく外側には出来のいいものを並べ、内側には出来の悪いものを並べるのが当たり前だった。けれども、素六にはそういうごまかしができなかった。そこで、出来の悪いものは悪いものだけで束にし、中ぐらいの出来のものは中ぐらいのものだけで束にし、出来のいいものはいいものだけで束にして、ちゃんと相手にそれを告げて、それ相当の代価を求めるようにした。

そのために、相手から非常に喜ばれたのである。みんな言い値で買ってくれるので、商売の駆け引きも必要ないし、時間もかからない。他の人が売るのに手間取っている間に、素六はさっさと売り尽くして、帰ることができた。

素六は子供心につくづく思った。

「やはり、正直は得だなあ！」

これは今日の商法にも通じる話である。狡《ずる》いごまかしをやって、うまくいく商売など決してないという教えになっている。

さくらんぼを売るときに、見栄えのいいさくらんぼを目に見える上のほうに並べて、二段目には出来の悪いものを並べるという店がある。しかし、そういう店からは、一度はだまされて買ったとしても、二度とは買わない、というのが大方の人の考えるところだろう。見栄えがいいと思って人に送ったりしたら失礼になるし、送ったほうの評判にもかかわってくる。

正直が得というのは、少年道徳の第一番目に教えるべきことであろうと思う。

87 ある大工

◎安いからといって仕事を粗末にすると、自分の良心を損しなければなりません

マーデンが書いた本の中にある話である。

ある裁判官が自分の家の板塀《いたべい》をつくろうとして、「材料はこちら持ち、一ドル半の手間賃だけでこしらえてもらいたい」と広告を出した。なかなかこの条件で受けてくれる人はいなかったが、ようやく一人、やりましょうといってきた者があった。

この裁判官が、

「荒削りでざっとでいいのだよ。一ドル半しか出さないのだからね」

というと、この男は、

「よろしゅうございます」

と承知して仕事に取りかかった。仕事の様子を見ると、実に丁寧に、念には念を入れてきれいに削っている。

裁判官が役所に行って帰ってくると、板塀がちゃんとできあがっていた。しかも立派なものだった。これならもう半ドル増しにしてくれというに違いないと思ったので、裁判官は先手を打った。

「どうも念の入れすぎだなあ。こんなに丁寧にしてくれとは頼まなかったはずだが」

「丁寧にしては悪かったですか」

「別に悪いわけじゃないが、いくら念を入れてしてくれても、約束通り一ドル半しか金は払わないよ」

「はい、結構でございます」

「こんなに手間をかけて損ではないか」

「損は損かもしれませんが、安いからといって仕事を粗末にすると、賃金を損した上に、自分の良心を損しなければなりません。大工として仕事する以上、仕事に精魂打ち込んで、自分でよくできたと満足しないと私の気が済みません。賃金が安いからといって、いい加減な仕事をすると、賃金を損した上に、私の性根まで損しますのでね」

これを聞いた裁判官は、いい心掛けの大工だと、その後裁判所を建てるときに、最も信用ある大工としてこの者を推薦したという。

私もこれと似た体験をしたことがある。近所の人が家を建てたときに、ある工務店に請け負わせた。すると、ちゃんとした立派な家ができた。その代金を精算することになったときに、びっくりすることがあった。

普通、請負工事では、請け負った予算より請求金額が増えることはあっても、減額されることはない。ところが、その工務店は「この額で請け負いましたが、余りましたので」といって、何十万円も返してきたというのである。それで、その家の人が気に入って、私の家を建て替えるときに、「あの工務店はいいですよ」と推薦されたのである。

日本には「損して得とれ」という言葉があるが、先に損をしても、それが巡りめぐって大きな得をつれて来るということは現実にあるようだ。ただし、最初から得を期待していては駄目で、この大工のように、手を抜くと自分の気持ちが悪いからといって一生懸命に働く心掛けが大切なのだろう。そういう姿勢を見ている人がいて、ひそかに評価してくれる。それが何かの機会に徳となって戻ってくるかもしれないのである。

88 スチュアート

十九世紀のアメリカを代表する資本家の一人。洋装品などを扱うスチュアート商会の創業者。

◎たとえどんな失敗をしても、それを隠してごまかしてはいけない

スチュアートは店員の厳守すべき掟として、どんなつまらないことでも、ありのままを帳簿に記入するように命じた。そのため店員は、たとえどんな失敗をしても、それを隠してごまかすことは許されなかった。

ある日スチュアートは、季節向きの新柄を大量に仕入れて、店員たちの意見を聞いた。するといろいろな意見が出たが、中でも一人の番頭は見本を手に取りながら、スチュアートの前に立って、欠点を一つひとつ滔々《とうとう》と述べていった。

そこにひょっこり、スチュアート商会の大の得意である地方の商人がやってきた。その人は、番頭の傍にやってきて、こう聞いた。

「何か新しい柄のもので、一流品の見本はありませんか」

すると、さっきまで柄の批判ばかりしていた番頭が、目を輝かせていった。

「ええ、ございますとも。ただ今ちょうど、素晴らしい品物が入ってきたところです」

番頭がそういってお客の前に差し出したのは、スチュアートの前で散々けなしていた品物だった。

「さあ、いかがです。色合いといい、生地といい、全く素晴らしいじゃありませんか」

と誇らしげに勧めると、その言葉に釣り込まれた田舎の商人は、

「フムフム、なるほど」

といいながら、多額の取引を済ませた。

その様子を黙って見ていたスチュアートは、がらりと変わった番頭の態度にあっけにとられていたが、初めて口を開いていった。

「ちょっと待ってくれ」

そしてそのお客に丁寧に頭を下げながら、

「いや、これはどうも失礼いたしました。今、店の者がお勧めした品物は、決して上等品ではございませんので、どうか他の品物をよくご覧くださいませ」

と注意した。そして客が帰ったあとで、例の番頭に向かって、次のように宣告を下した。

「君がこの店の店員として受け取る最後の給料を、ただ今即刻支払ってやるから、会計係に行きなさい」

すでに何度か同様の話が出てきたが、アメリカが資本主義を興した当時に大成功した人は誰もみな正直である。商売というものは一回限りでは終わらないから、ごまかしをやると結局ダメになってしまう。

最近はどうも、この商売の原則が忘れられているような気がするのは私だけではないだろう。三菱自動車の問題でも明らかなように、欠点を隠して通るような社風ができると、どこかで大きな傷になるものである。

89 ジョン・ワナメーカー

アメリカの実業家。現代のデパートの先駆けとなる高級紳士服店を開き、のちに百貨店王と呼ばれるようになった。(一八三八～一九二二)

◎あなたの応対一つで、もう一つは買ってもらえたかもしれない

世界の百貨店王ジョン・ワナメーカーが経営するニューヨークの百貨店の手袋売り場へ、ある日一人の老紳士が現れた。係の女子店員は、婦人客を相手に手袋を売っている最中だった。やがて、その婦人客が皮の手袋を一つ買って去ってしまうと、女子店員は老紳士に向かって、

「何を差し上げましょうか」

といった。

「羊皮の手袋を一つ」

老紳士はそういって、それを買ってしまうと、改めて妙なことを言い出した。

「こんなことをいって、気にされては困るが、さっきのご婦人に対するあなたの応対ぶりには、まだまだ改善の余地がありますね。あなたの応対一つで、もう一つは買ってもらえたかも知れないと私は思うのですがね」

女子店員はムッとして、

「まあ、ずいぶん偉そうなことをおっしゃいますのね。では、どんな風にやるのか、一つ

手本を見せてくださいませんか？」

といった。

「承知しました」

といって、老紳士は気軽に帽子や外套《がいとう》を脱ぐと、売り場の中に立った。

やがて一人の婦人客がきた。老紳士は丁寧に腰をかがめながらいった。

「毎度ご贔屓《ひいき》いただきましてありがとうございます。今日はどのようなお品を？」

「洗濯のきく白手袋が欲しいのですけど」

すると紳士は素早く女子店員に命じて、白手袋の見本を並べさせた。

「いかがでしょうか、この品などは。特に吟味して作らせたものでございまして、何遍お洗濯なさっても、決して変色したり縮んだりするようなことはございません」

婦人はすぐにそれを買った。すると紳士は、すかさず、こういった。

「ところで、お洗濯なさいますようなときには、その間、代わりの品がご入用かと存じますが……」

「そうね、じゃあ二ついただくわ」

さらに老紳士はいった。

「ありがとうございます、白いお手袋は、清楚で、お上品で、誠に結構でございますが、普段お召しになりますと、どうしても汚れがちで、そのためでございましょうか、近頃では何か色のついたものはないかなどとおっしゃるお方がよくございます。当店でも、本年の流行色として鼠色のお手袋を売り出すことにいたしましたところ、各方面から、大変ご好評をいただいております。鼠色もなかなか落ち着いて高尚で、教会のマチネーなどには、かえってこのほうがお似合いかと存じますが……」

「そうね、鼠《ねずみ》色もいいわね」

こうして、婦人客はとうとう三つとも買ってしまった。

それを見ていた女子店員は、啞然《あぜん》として

「まあ、なんて売り方がお上手なんでしょう。あなたはきっと、今までどこかで売り子をやっていたのね。そして、この店に雇われようと思って、売り込みにきたんでしょう。そうに違いないわ」

といった。老紳士は微笑したままそれには答えず、外套と帽子を受け取ると、ポケットから一枚の名刺を出した。そこには「ジョン・ワナメーカー」と書いてあった。

この話の面白いのは、当時は最高の経営者でも叩き上げだった人が多く、単なる資本家ではなかったということである。それゆえに、このワナメーカーのように、自ら手本を示して見せることができたわけである。

ワナメーカーは、日本でいえば本田宗一郎のようなものであろう。本田宗一郎は自らがオートバイの修繕がうまかったので、社員の手本となった。そういう叩き上げ社長が自ら手本を見せながら事業を成長させていった時代があったのである。

90 ジョージ・イーストマン

アメリカのカメラ王。ニューヨーク生まれ。独学で研究を始め、ロールフィルムやカラーフィルムを発明した。慈善活動家としても知られる。（一八五四～一九三二）

◎こんな不完全なものを売っては、信用にかかわる。人間は信用が第一だ

コダック社は今でも世界的に有名な会社だが、この話はこの会社の創業者であるジョージ・イーストマンの逸話である。

イーストマンはもと保険会社の会計係だった。道楽の写真機から思いついて、乾板の発明に成功し、ついに一八八〇年十月、ヘンリー・ストロングという人の資金援助を得て、自ら製造工場をつくり、「イーストマン乾板」と命名して市場に売り出した。

便利で安いというので注文が引きも切らず、その評判はたちまち全米に行き渡って、創業一か月で四千ドルもの売り上げがあった。

ところが、翌年の春になると、注文がぱったり止まってしまった。どうしたのだろうと首をかしげていると、取引先の商人が怒鳴り込んできた。

「あの乾板は、一冬越したらまるで駄目になってしまった。あんな不完全なものを押しつけては困るじゃないか。おかげでこのごろは、お客様から小言や苦情ばかり持ち込まれてえらい迷惑だ」

そこでイーストマンは自分でも試してみると、まさしくその通りであった。

「これはいかん。こんな不完全なものを売っては、信用にかかわる。人間は信用が第一だ」

どうすればいいかと考えて、彼はあることを決心した。そして、早速印刷物を作って、全国の取引先に送った。それには、こういう意味のことが書いてあった。

「不完全な製品のために多大なご迷惑をかけ、なんともお詫びのしようもありません。残品があったら原価で引き取りますから、全部ご返送ください。思うところがあって、一旦工場は閉鎖いたしますが、いずれ完全なる製品を作ってお目見えするつもりであります。

その節には、是非倍旧のご援助をお願いいたします」

イーストマンは、返ってきた残品を片っ端から壊してしまった。そして工場を閉鎖すると、飄然《ひょうぜん》と姿を消し、イギリスに渡った。そこでニューカッスル写真研究所の研究生として約半年間研究を積み、ついに何年経っても性能の変わらない乾板の発明に成功した。

そこでまたアメリカに舞い戻り、工場をつくった。取引先では、彼が以前、残品を引き取って木《こ》っ端微塵《ぱみじん》にしたことを知っているから、新しく売り出す以上は必ず完全なものに違いないと考え、すぐに取引を開始してくれた。かくして、イーストマン・コダックは全米を征服し、ついには世界のコダックになったのである。

不良品を売っては信用にかかわる。だから、すべてを引き取って完全に壊してしまい、完成品を作り上げて出直した。その筋道を顧客に見せることによって、イーストマンは信用を失わずに済んだのである。何度か出てきたが、これも「正直」という一点について教える逸話である。

91 マクドナルド

イギリス首相。貧農の子に生まれる。若いときから労働運動に身を投じ、ついに一九二四年

に最初の労働党出身の首相となった。（一八六六〜一九三七）

◎悪事の多くは美名に隠れて行われる

一九二四年の冬のある夜、ロンドンの混んでいる地下鉄の中に、吊革につかまってじっと立っている六十ぐらいの老紳士がいた。その広い高い眉の下に考え深く澄んでいる二つの瞳、その覆いかぶさった厚い口髭《くちひげ》の下に、強い意志力を示すようにキリッと引き締まった唇。どう見てもマクドナルドに違いない。だが、まさか今をときめく大英帝国の総理大臣が地下鉄に乗っているわけがない。そう思ったが、とうとうグラント氏は声をかけてしまった。

「もしもし、マクドナルドさんではありませんか」

するとその老紳士は、

「やあ、グラントさん」

と答えた。

「ああ、やっぱりマクドナルドさんでしたか。なぜこんなに遅く地下鉄なんかでお帰りになるのですか。自動車がどうかしたのですか」

グラントが聞くと、マクドナルドは笑って答えた。

「自動車はありますがね、あれは役所の自動車ですから」

グラントはなるほどと思った。

「しかし、あなたは今、大英帝国の運命を双肩に担う大切なお方です。帰りだけでも自動車で楽に体を休めたほうが国家のためではありませんか」

マクドナルドは元の厳粛な顔になった。

「ごもっともです。しかしグラントさん、悪事の多くは美名に隠れて行われるものですからね」

この言葉を聞いてグラントは感服した。

イギリスの総理大臣であっても、労働党の出身のマクドナルドは自家用の自動車は持っていない。高潔なる良心の持ち主である彼は、公務でない帰り道は地下鉄で帰る。

ロンドンの富豪であったグラントは、保守党に属し、政治的にはマクドナルドの敵なのだが、このような立派な総理大臣に精一杯働いてもらえるようにするのは国民の義務だと思った。そこで翌日、一台の高級自動車を買ってマクドナルドに寄付したのである。

自分は総理大臣だからといって、役所の車を私用に使って帰っても構わないというのは普通の考え方だ。「首相がくたびれないように」という理屈もつく。そういうもっともらしい意見の下で悪事が行われるものなのだ、とマクドナルドはいっているのである。そんなマクドナルドに感服して、大金持ちのグラントは、政敵にもかかわらず、一生懸命国民のために仕事をしてもらおうと自動車を贈ったのであった。今ではちょっと考えられない良き時代のイギリスの話である。

92 楊震《ようしん》

字《あざな》は伯起。関西の人。後漢の孝安皇帝に仕えて、太尉（太政大臣）になった。「関西の孔子」といわれたが、讒言《ざんげん》されて皇帝に斥《しりぞ》けられ、自殺した。

◎天知る、地知る、我知る、汝知る

後漢の楊震《ようしん》が地方長官をしていたころ、秀才と名高い王密という人を抜擢して、昌邑《しゅうゆう》という場所の役人にした。これに非常に感激した王密は、ある夜、楊震を屋敷に訪ねて御礼の挨拶をした。

「これは心ばかりの御礼のしるしでございます」

そういって王密が莫大な黄金の包物を差し出した。楊震はすぐにそれを断わったが、王密はなかなか引っ込めようとしない。そこで楊震は穏やかな口調でいった。

「私は君をよく理解しているつもりだが、君は私の心をわかってくれないのはどうしてだろう」

王密は楊震の顔を哀願するように見ていった。

「せっかく持ってまいりましたものですし、今夜のことは誰も知るものではありませんから、どうぞお納めくださいますように」

すると楊震は急に居住まいを正して、

「なんといわれるか。誰も知らぬといわれるのか。現に天も見ているし、地も見ているではないか。私も知っている。君も知っているではないか」

といって拒絶した。

これが「天知る、地知る、我知る、汝知る」という話である。しばしば問題になる賄賂とか不正な政治献金なども、「あなたと私以外、誰も知らないことではありませんか」という前提で行われる取引だが、それがしばしば露呈するのは、少なくとも「我知る、汝知る」であるし、「天と地」も知っているからなのだと思わざるを得ない。二人だけの秘密では決して終わらないのである。そこに利害が絡んでいればなおさらのこと――。

93 大田黒重五郎

明治から昭和前期の実業家。江戸生まれ。明治二十七年に三井に入り、芝浦製作所の再建に尽力。その後、各地の水力電気会社の設立に貢献。（一八六六〜一九四四）

◎出世する社員は千里眼の持ち主

大《おお》田《た》黒《ぐろ》重《じゅう》五《ご》郎《ろう》は今日の東芝を大きくした人である。この人がまだ三井物産の一課長であったとき、社用で関西方面に出張した。まず大阪に着いて三日目に、支店に行ってみると、本店から一通の手紙が届いていた。それは部下の事務員武村貞一郎が出したものであった。当時は電話が発達していないし、もちろんファックスもないから、手紙が主な通信手段だった。太田黒が手紙を読むと、その日の出来事や重要な事務の打ち合わせ事項が細かくきちんと書いてあった。

「なるほど、武村は気が利いているわい」

将来有望な青年と目をかけている武村のやり方に、大田黒は非常に喜んだ。

ところが、武村からの手紙による通信は、太田黒がどこを回っていても、一日も欠かさず来る。大阪から神戸に行けば、そこに届いている。下関に行っても門司に行っても、引き返して京都にきても、必ずその日の前日の報告が手紙で届く。

同じ場所に三日も四日も五日も滞在するならともかく、一日で引き揚げる土地にさえも、その日に手紙がちゃんと着いているのである。それによって太田黒は安心して旅行ができる一方で、何か薄気味が悪くなってきた。

「あいつはどうして俺の行き先と日取りをこうも確実に知っているのだろう？」

なんだかスパイでもつけられているような、不気味な感じがしてきた。

東京へ戻ると、太田黒はさっそく武村にそのことを尋ねた。すると武村はニコニコしながら、

「なんでもないことです」

という。

「しかし、どう考えても不思議だよ。行く先々に、一日も欠かさずピタリと着くんだからね。まるで千里眼だ」

太田黒がそういうと、武村は答えた。

「いや、なんでもないのです。実は、課長さんの予定が三日とは狂わないものと見当をつ

けました。そこで、同じ通信を三通コピーして、ここぞと思う三か所に、いつも発送していたに過ぎません」

こうすると二通は無駄になるけれど、必ず大田黒のところに通信が届くという計算である。大田黒は、アッと感嘆の声を上げて武村青年の顔をまじまじと見つめた。

この武村貞一郎という人の名は、大田黒の吹聴で重役の間でも知られるようになり、彼は一事務員から神戸支店長に抜擢された。そこでも非常な好成績を上げ、三井王国の重要な人物になった。

このように、出世する社員というのは、たいがい気が利くものである。こういう話を聞いたことがある。

ある大手の航空貨物の会社の今の会長がまだシカゴの支店長だったころ、東京からその会社が属する大グループの会長がやってきた。その人は年寄りなので「アメリカは食うものが口に合わん」とこぼした。そして、「饅頭《まんじゅう》が食いたい」と言い出した。何十年も前の話だから、アメリカに日本の饅頭があるわけがない。

「さて、どうするか」と思案をめぐらせた支店長は、「そうだ、シナ饅頭ならあるかもしれない」と考え、すぐに中華料理店へ行って餡《あん》の入ったシナ饅頭を買ってきて、会長に勧めた。すると、その老会長は、パクパク食って「うまい！」と一声。一つ食べているのに、もう一方の手にも饅頭を持って食べたという。

この一件がきっかけとなって、支店長だったその人は抜擢されて、現在の地位を築いていったのだそうだ。商売人はそのぐらい気が利かなければ、商売もうまく行かないということであろう。

94 バーナード・クローガー

アメリカでも最大手のグローサリー「クローガー」の創業者。シンシナティーの小さな食料品店から成長し、一大チェーンを築き上げた。

◎自分はむつかし屋です。また、世間の人も大なり小なりむつかし屋なのです

シンシナティー市の小さな一食料品店主から始めて、全米に三千六百軒のチェーン店を持ち、一年間の商い高が当時のお金で一億六千万ドル、販売するパンだけでも年に一億斤《きん》以上も売るようになったバーナード・クローガーという実業家がいた。

この人は非常な気むずかし屋で、売り込みにきた缶詰にどんなにきれいな包装をしてあっても、また売り込みの外交員がどんなに上手な言葉を使っても惑わされず、こういった。

「私の店は中身を売ります。包装は食べません。これを私に売る気なら、まず缶を開けて見せてください」

つまり、中身を見て、初めて注文する、しないを決めるというやり方をとっていた。

クローガーはいつもいっていた。

「自分はむつかし屋です。また、世間の人も大なり小なりむつかし屋なのです。これまで世界で成功した人は、非常な変わり者の人間だったといえます。大美術家は形や絵の具において、また濃淡についてむつかし屋です。大技術家もきっとむつかし屋で、その材料にも、デザインにも、正確さにおいても厳密でしょう。大著述家も文体や文句、雰囲気について、人物の描写について必ずむつかし屋です。美人はその髪と衣装に、有名な料理人は肉や野菜の素材について必ずむつかし屋であるに違いありません。商店のお客である家庭の奥様方もむつかし屋です。

商売を始める人々は、物事が満足に行かないときは、まあこれで我慢しようという癖があります。仕入れにも一部の不満足な点があっても、わずかなことだから我慢しておこうと諦める。それはいけません。ちょっとでも欠点があったら、むつかし屋の客から見れば大欠陥になるということを彼らは忘れています。ときどき取引上で間違いや欠点を示す問屋とは、いつまでも取引はできないでしょう。一回も欠点を見せなかった店は贔屓《ひいき》にされます。こういう意味で、私はシンシナティーの町で一番のむつかし屋といわれてもいいのです」

バーナード・クローガーは、こうして小さなパパ・ママ・ストアから始めて、ついにはシンシナティーの四大富豪の一人に数え上げられるようになったのである。

これは「むつかし屋」になることの勧めである。松下幸之助さんも、こんな言い方で似たようなことをいっている。

「文句があったら有り難いと思え」

お客様は必ずむつかし屋なのだから、その言葉はよく聞かなければいけない。これが戦後、メイド・イン・ジャパンが世界的な信用を得るようになった根本的な考え方である。むつかし屋になるということは、信頼を得られる仕事をする上で非常に重要なことなのである。

あとがき

戦後に育った人はたいてい、戦前は軍国主義の暗黒時代で、スターリン時代のソ連、毛沢東時代の中国、金政権下の北朝鮮みたいなものと思い込まされているらしい。いな、私と同じ年、つまり昭和五年（一九三〇年）生まれで、大銀行の重役になった知人が、少し前に私にこう言ったことがある。

「今の北朝鮮は、戦前の日本みたいなものですな」

もっともこの元銀行重役は、若い頃はバリバリの左翼だったそうだ。私はすぐ答えた。

「しかし北朝鮮には『少年倶楽部』はないでしょう」

さすがに彼はすぐ思い当たったと見えて、黙ってしまった。私が『少年倶楽部』と言ったのは、戦前のわれわれは少年だからであって、大日本雄辯會《ゆうべんかい》講談社（今の講談社）の九大雑誌のどれでもよかったのである。

戦前の日本が暗黒時代に思えた人の多くは、モスクワのコミンテルンの指示を受けて、日本の皇室をロシア帝室の如く葬《ほうむ》り去り、スターリンの造った国家のようにしようと暗躍していた共産党員やその周辺の人々である。彼らは当然、日本政府から禁圧された。彼らの目には、治安維持法はこの上ない悪法に見えた。しかし一般の国民は、この法律によって日本がレーニン・スターリンの造ったような悪い国になることから防いでくれるものと考えていた（ちなみに治安維持法の裁判で死刑になった者は一人もいないが、ソ連に渡って粛清・処刑された日本人の共産党員は何人もいる）。

しかし戦後は、敗戦直後の占領軍の反日政策に乗じて、戦前の左翼が論壇や学界で幅を利かすようになり、戦前の日本を暗黒の軍国主義国家として描いてみせ——彼らにとってはそれが実感だったかもしれない——それが教科書にもはいり込んでしまったのである。

しかし私の実感は違う。私は田舎都市の貧しい家の出身である。近くにはもっと貧しい人々もいた。田舎にも貧乏な親類がいた。しかし日本を暗黒と思っている人たちには会ったことがない。貧しい人は、「自分の家が貧しい」と思っていただけであり、その理由は、主人が病気だとか、病死したとか、あるいは大酒飲で仕事をろくにやらなかったとか、商売女にいれ込んだとか、あるいは仕事、特に米相場に失敗したとか、原因はたいてい解り切ったことだった。広く探せば、日本社会を暗黒と思った人もいたろうが、それは稀であった。戦前の、共産党員の最も党員が多かった時でも、全国で六百人を超えなかったということからもわかると思う。

多くの日本人は、明治維新以来の生き方をしていた。簡単に言えば、福沢諭吉の『学問のすすめ』や中村敬宇《けいう》の『西国立志編（＝自助論《セルフ・ヘルプ》）』に説かれていることを、最上の生き方として受け留めていたのである。日本の代表的雑誌である講談社の国民的大雑誌もそうであったし、これに続く新潮社の雑誌も同じ路線であった。実例をあげてみよう。

昭和十一年（一九三六年）の『少年倶楽部』の新年号には、百二十四ページの小冊子が附録としてついているが、そのタイトルは『出世美談寳玉《ほうぎょく》集』である。この小冊子の巻頭には、時の大蔵大臣、高橋是清《これきよ》の「少年訓話・境遇を活《い》かせ」がのせてあり、十人の〝出世〟物語が続く。その一人は「日本一の百姓《ひゃくしょう》」になろうと努力した松本喜作の話。次は盲目で琴の大名人になった今井慶松……というふうに続く。外国人ではアメリカ人が二人、イギリス人とフランス人とイタリア人が一人ずつ取りあげられている。まことに国際的でもあり、〝出世〟ということが、それぞれの道で努力して志を達成することであることを示している。

これは少年雑誌の方であるが、当時の日本の国民雑誌と言われた『キング』――月刊誌で百万部を超えることもあり、現在の感覚では五百万部か一千万部の大雑誌に当たるだろう——も、新年号にはしばしば百ページ、あるいは二百ページを超える別冊の附録をつけていた。二、三の例をあげてみる。

昭和八年（一九三三年）『偉人は斯《か》く教へる』

昭和九年（一九三四年）『絵ばなし世間学』

昭和十四年（一九三九年）『考へよ！そして偉くなれ』

その内容は『少年倶楽部』の附録にある〝出世〟の話を、大人向きにしたものである。すでに戦争が大陸で始まり、国家全体が戦時経済統制体制に向かおうとしていた時でも、一般人の読む国民的大雑誌は、福沢諭吉や中村敬宇の説いたことと本質的に同じことを力説していたのである。

そして今日、ソ連が解体し、中国までが初期資本主義時代のような、つまり労働運動やストライキを禁圧してまで産業振興をするような時代になったのだから、われわれ日本人も、戦時統制経済的発想からすっかり卒業して、つまり社会主義的発想から抜け出て、「個人の志の時代」がやってきていることを、肝に銘じなければなるまい。

それで今回は、戦前の講談社の『キング』の附録から、私の記憶に残っているような話を拾いあげて、所感を加えることにした。志を立て、自らの道を切り拓こうとしている人たちの御参考になれば幸せである。

本書の執筆をおすすめくださった致知出版社の藤尾秀昭社長、柳澤まり子さん、編集の厄介な仕事を担当してくださった大越昌宏氏に御礼申し上げます。

平成十七年新春

渡部　昇一

著者プロフィール

渡部昇一（わたなべ・しょういち）

昭和５年山形県生まれ。30年上智大学文学部大学院修士課程修了。ドイツ・ミュンスター大学、イギリス・オックスフォード大学留学。Dr. phil., Dr. phil.h.c. 平成13年から上智大学名誉教授。専門の英語学だけでなく、歴史、哲学、人生論など幅広い評論活動は多くの人に支持され、今日なお影響を与え続けている。平成29年４月逝去。著書は専門書のほかに『一冊まるごと渡部昇一』『忘れてはならない日本の偉人たち』『渡部昇一 一日一言』『四書五経一日一言』『歴史に学ぶリーダーの研究』『伊藤仁斎「童子問」に学ぶ』『渡部昇一の少年日本史』、共著に『子々孫々に語り継ぎたい日本の歴史１・２』『生き方の流儀』『国家の実力』『歴史の遺訓に学ぶ』（いずれも致知出版社）などがある。

人生を創る言葉

古今東西の偉人たちが残した94の名言

平成十七年二月三日第一刷発行

令和六年八月一日第十三刷発行

著者 渡部昇一

発行者 藤尾秀昭

発行所 致知出版社

〒150-0001東京都渋谷区神宮前四の二十四の九

TEL（〇三）三七九六―二一一一

印刷・製本 中央精版印刷

落丁・乱丁はお取替え致します。（検印廃止）

©Shoichi Watanabe 2005 Printed in Japan

ISBN978-4-88474-703-9 C0095

ホームページ https://www.chichi.co.jp

Eメール books@chichi.co.jp

人間学を学ぶ月刊誌 致知

CHICHI

人間力を高めたいあなたへ

●『致知』はこんな月刊誌です。

・毎月特集テーマを立て、ジャンルを問わず有力な人物を紹介
・豪華な顔ぶれで充実した連載記事
・各界のリーダーも愛読
・書店では手に入らない
・クチコミで全国へ（海外へも）広まってきた
・誌名は古典『大学』の「格物致知（かくぶつちち）」に由来
・日本一プレゼントされている月刊誌
・昭和53（1978）年創刊
・上場企業をはじめ、1,300社以上が社内勉強会に採用

—— 月刊誌『致知』定期購読のご案内 ——

●おトクな3年購読 ⇒ 31,000円（税・送料込）

●お気軽に1年購読 ⇒ 11,500円（税・送料込）

判型:B5判 ページ数:160ページ前後 ／ 毎月7日前後に郵便で届きます（海外も可）

お電話
03-3796-2111（代）

ホームページ
致知 で 検索

致《ち》知《ち》出《しゅっ》版《ぱん》社《しゃ》 〒150-0001 東京都渋谷区神宮前4−24−9

いつの時代にも、仕事にも人生にも真剣に取り組んでいる人はいる。

そういう人たちの心の糧になる雑誌を創ろう――

『致知』の創刊理念です。

私たちも推薦します

稲盛和夫氏　京セラ名誉会長

我が国に有力な経営誌は数々ありますが、その中でも人の心に焦点をあてた編集方針を貫いておられる『致知』は際だっています。

王 貞治氏　福岡ソフトバンクホークス取締役会長

『致知』は一貫して「人間とはかくあるべきだ」ということを説き諭してくれる。

鍵山秀三郎氏　イエローハット創業者

ひたすら美点凝視と真人発掘という高い志を貫いてきた『致知』に、心から声援を送ります。

北尾吉孝氏　SBIホールディングス代表取締役執行役員社長

我々は修養によって日々進化しなければならない。その修養の一番の助けになるのが『致知』である。

渡部昇一氏　上智大学名誉教授

修養によって自分を磨き、自分を高めることが尊いことだ、また大切なことなのだ、という立場を守り、その考え方を広めようとする『致知』に心からなる敬意を捧げます。

致知BOOKメルマガ（無料）　致知BOOKメルマガ　で　検索

あなたの人間力アップに役立つ新刊・話題書情報をお届けします。

人間力を高める致知出版社の本

渡部昇一の少年日本史

◉

渡部昇一 著

◉

「知の巨人」と呼ばれた
著者が自らの“遺言”として
若い世代に向けて綴った一冊。

◉四六判上製　◉定価＝2,200円（税込）

人間力を高める致知出版社の本

渡部昇一　一日一言

◉

渡部昇一 著

◉

意志の鍛え方、
逆境に処する態度、
友人の条件、福運を
招くもの、幸福の原理……。
平成の碩学が説く成功哲学。

◉新書判並製　◉定価＝1,320円（税込）

感動のメッセージが続々寄せられています

「小さな人生論」シリーズ

「小さな人生論1～5」

人生を変える言葉があふれている
珠玉の人生指南の書

●藤尾秀昭 著
●B6変型判上製　各巻定価＝1,100円（税込）

「心に響く小さな5つの物語Ⅰ・Ⅱ・Ⅲ」

片岡鶴太郎氏の美しい挿絵が添えられた
子供から大人まで大好評のシリーズ

●藤尾秀昭 文　片岡鶴太郎 画
●四六判上製　Ⅰ・Ⅱ巻定価＝1,047円（税込）
Ⅲ巻定価＝1,100円（税込）

「プロの条件」

一流のプロ5000人に共通する
人生観・仕事観をコンパクトな一冊に凝縮

●藤尾秀昭 著
●四六判上製　定価＝1,047円（税込）